edition suhrkamp

Redaktion: Günther Busch

Bertolt Brecht, geboren am 10. Februar 1898 in Augsburg, starb am 14. August 1956 in Berlin. *Die heilige Johanna der Schlachthöfe* wurde 1929/30 in Berlin geschrieben und am 30. April 1959 am Deutschen Schauspielhaus in Hamburg uraufgeführt.
Brecht zeigt in der *Heiligen Johanna der Schlachthöfe* eine große Börsenspekulation in Fleisch und Vieh auf dem Hintergrund einer Überproduktionskrise. Er verlegt die Handlung auf die Viehhöfe und an die Fleischbörse Chicagos, wo infolge des weit entwickelten Kapitalismus die Widersprüche der Gesellschaft besonders deutlich werden. Johanna Dark, ein Heilsarmeesoldat, sieht die von den Fleischfabriken ausgesperrten und hungernden Arbeiter und stößt auf der Suche nach den Gründen der Aussperrung auf den Fleischkönig Pierpont Mauler. Vergeblich versucht er, Johanna für seine Sache zu gewinnen. Johanna, schließlich auch von den Armen verstoßen, geht auf den Schlachthöfen zugrunde. In diesem Stück sind »verwickelte Vorgänge« durchschaubar gemacht. Ihre Gesetzmäßigkeit ist dargestellt und als Mittel benutzt, die Vorgänge zu bewegen.
»Diese *Heilige Johanna* ist eines der reichsten, glänzendsten, ja virtuosesten, freilich auch grimmigsten und schockierendsten Stücke, die Brecht geschrieben hat. Mit einem Wort: ein Hauptwerk.« *Joachim Kaiser*

Bertolt Brecht
Die heilige Johanna der Schlachthöfe

Suhrkamp Verlag

Geschrieben 1929/30
Mitarbeiter: H. Borchardt, E. Burri, E. Hauptmann

edition suhrkamp 113
Erste Auflage 1962
 Satz, in Linotype-Garamond, bei Georg Wagner, Nördlingen. Druck und Bindung bei Ebner Ulm. Gesamtausstattung Willy Fleckhaus.

29 30 31 32 33 34 – 06 05 04 03 02 01

Die heilige Johanna der Schlachthöfe

Personen

Johanna Dark, *Leutnant der Schwarzen Strohhüte*
Mauler, *Fleischkönig*
Cridle, Graham, Meyers, Lennox – *Fleischfabrikanten*
Slift, *ein Makler*
Frau Luckerniddle
Gloomb, *ein Arbeiter*
Paulus Snyder, *Major der Schwarzen Strohhüte*
Martha, *Soldat der Schwarzen Strohhüte*
Jackson, *Leutnant der Schwarzen Strohhüte*
Mulberry, *ein Hauswirt*
Ein Kellner
Packherren
Aufkäufer
Viehzüchter
Makler
Spekulanten
Die Schwarzen Strohhüte
Arbeiter
Arbeiterführer
Die Armen
Detektive
Zeitungsleute
Zeitungsjungen
Soldaten
Passanten

I

DER FLEISCHKÖNIG PIERPONT MAULER BEKOMMT EINEN BRIEF VON SEINEN FREUNDEN IN NEW YORK.

Chicago, Schlachthöfe

MAULER *liest einen Brief:* „Wie wir deutlich merken, lieber Pierpont, ist der Fleischmarkt seit kurzer Zeit recht verstopft. Auch widerstehen die Zollmauern im Süden allen unseren Angriffen. Demnach scheint es geraten, die Hand vom Fleischhandel zu lassen, lieber Pierpont." Diesen Wink bekomme ich heute von meinen lieben Freunden aus New York. Hier kommt mein Kompagnon.

Er verbirgt den Brief.

CRIDLE:
Warum so finster, lieber Pierpont?

MAULER:
Erinnere, Cridle, dich, wie wir vor Tagen –
Wir gingen durch den Schlachthof, Abend war's –
An unsrer neuen Packmaschine standen.
Erinnere, Cridle, dich an jenen Ochsen
Der blond und groß und stumpf zum Himmel blickend
Den Streich empfing: mir war's, als gält er mir.
Ach, Cridle, ach, unser Geschäft ist blutig.

CRIDLE:
Die alte Schwäche also, Pierpont?
Unglaublich fast, du, der Gigant der Packer
Des Schlachthofs König, vor dem Schlächter zittern

Zergehst in Schmerz um einen blonden Ochsen!
Verrat's, ich bitt dich, niemand außer mir.

MAULER:
O treuer Cridle!
Ich hätte nicht zum Schlachthof gehen sollen!
Seit ich in dies Geschäft hineinging, also sieben
Jahre, vermied ich's, Cridle, ich vermag's
Nicht länger: heute noch geb ich es auf, dies blutige
Geschäft.
Nimm du's, ich geb dir meinen Anteil billigst.
Dir gäb ich ihn am liebsten, denn wie du
Mit dem Geschäft verwachsen bist, ist's keiner.

CRIDLE:
Wie billig?

MAULER:
Darüber kann's bei alten Freunden
Wie du und mir kein langes Handeln geben.
Schreib zehn Millionen!

CRIDLE:
Das wär nicht teuer, wenn nicht Lennox wär
Der mit uns ringt um jede Büchse Fleisch
Der uns den Markt verdirbt mit niedren Preisen
Und uns kaputtmacht, wenn er nicht kaputtgeht.
Eh der nicht fiel, und nur du kannst ihn fällen
Nehm ich dein Angebot nicht an. Solange mußt du
Noch dein Gehirn, das listenreiche, üben.

MAULER:
Nein, Cridle, dieses Ochsen Ächzen
Verstummt nicht mehr in dieser Brust. Drum eilig
Muß dieser Lennox fallen, denn ich selber
Bin ganz gewillt, ein guter Mann zu werden
Und nicht ein Schlächter. Cridle, komm, ich will

Dir sagen, was du machen mußt, daß Lennox
Schnell fällt. Dann aber mußt du
Mir dies Geschäft abnehmen, das mir leid ist.

CRIDLE:
Wenn Lennox fällt.

Beide ab.

2

a

DER ZUSAMMENBRUCH DER GROSSEN FLEISCHFABRIKEN

Vor der Lennoxschen Fleischfabrik

DIE ARBEITER:
Wir sind siebzigtausend Arbeiter in den Lennoxschen Fleischfabriken und wir
Können keinen Tag mehr mit so kleinen Löhnen weiterleben.
Gestern wurde wieder hurtig der Lohn gesenkt
Und heut hängt schon wieder die Tafel aus:
Jeder kann weggehen, der
Mit unsern Löhnen nicht zufrieden ist.
Gehn wir doch alle einfach weg und
Scheißen auf den Lohn, der täglich geringer wird.

Stille.

Lange schon ist diese Arbeit uns ekelhaft
Die Fabrik uns die Hölle und nur
Alle die Schrecken des kalten Chicagos konnten
Uns halten hier. Aber jetzt

Kann man für zwölf Stunden Arbeit nicht mehr
Das trockene Brot verdienen und
Die billigste Hose. Jetzt
Kann man grad so gut weggehn und
Schon gleich verrecken.

Stille.

Wofür halten uns die? Glauben sie
Wir stünden wie Ochsen da, bereit
Zu allem? Sind wir
Ihre Deppen? Lieber verrecken doch! Auf der Stelle
Gehen wir weg.

Stille.

Es muß doch schon sechs Uhr sein?
Warum nicht aufgemacht, ihr Schinder? Hier
Stehen eure Ochsen, ihr Metzger, aufgemacht!

Sie klopfen.

Vielleicht sind wir vergessen worden?

Gelächter.

Aufgemacht! Wir
Wollen herein in eure
Drecklöcher und Sudelküchen, um
Den vermögenden Essern ihr
Verschmiertes Fleisch zu kochen.

Stille.

Mindestens verlangen wir
Den alten Lohn, der auch schon zu klein ist,
mindestens
Den Zehnstundentag und mindestens ...

EIN MANN *geht vorüber:*

Worauf wartet ihr? Wißt ihr nicht
Daß Lennox geschlossen hat?

Zeitungsjungen laufen über die Bühne.

DIE ZEITUNGSJUNGEN: Der Fleischkönig Lennox muß seine Fabriken schließen! Siebzigtausend Arbeiter brot- und obdachlos! M. L. Lennox, ein Opfer des erbitterten Konkurrenzkampfes mit dem bekannten Fleischkönig und Philanthropen Pierpont Mauler.

DIE ARBEITER:

Wehe!
Die Hölle selbst
Schließt ihr Tor für uns!
Wir sind verloren. Der blutige Mauler hält
Unsern Ausbeuter am Hals und
Uns geht die Luft aus!

b

P. MAULER

Straße

DIE ZEITUNGSJUNGEN: Chicagoer Tribüne am Mittag! Der Fleischkönig und Philanthrop P. Mauler begibt sich zu der Eröffnung der P. Maulerschen Krankenhäuser, der größten und teuersten Hospitäler der Welt!

Mauler geht mit zwei Männern vorbei.

EIN PASSANT *zum andern:* Das ist P. Mauler. Wer sind die Männer, die ihn begleiten?

DER ANDERE: Das sind Detektive. Sie bewachen ihn, damit er nicht niedergeschlagen wird.

c

UM DEM JAMMER DER SCHLACHTHÖFE TROST ZU SPENDEN, VERLASSEN DIE SCHWARZEN STROHHÜTE IHR MISSIONSHAUS
JOHANNAS ERSTER GANG IN DIE TIEFE

Vor dem Haus der Schwarzen Strohhüte

JOHANNA *an der Spitze eines Stoßtrupps der Schwarzen Strohhüte:*

In finsterer Zeit blutiger Verwirrung
Verordneter Unordnung
Planmäßiger Willkür
Entmenschter Menschheit
Wo nicht mehr aufhören wollen in unseren Städten
die Unruhen:
In solche Welt, gleichend einem Schlachthaus
Herbeigerufen durch das Gerücht drohender
Gewalttat
Damit nicht rohe Gewalt des kurzsichtigen Volkes
Zerschlag das eigene Handwerkszeug und
Zertrample den eigenen Brotkorb
Wollen wir wieder einführen
Gott.
Wenig berühmt nur mehr
Fast schon berüchtigt
Nicht mehr zugelassen
An den Stätten des wirklichen Lebens:
Aber der Untersten einzige Rettung!
Drum haben wir uns entschlossen
Für ihn die Trommel zu rühren

Auf daß er Fuß fasse in den Quartieren des Elends
Und seine Stimme erschalle auf den Schlachthöfen.

Zu den Schwarzen Strohhüten

Und dies unser Unternehmen ist sicher
Das letzte seiner Art. Letzter Versuch also
Ihn noch einmal aufzurichten in zerfallender Welt,
und zwar
Durch die Untersten.

Sie marschieren mit Getrommel weiter.

d

VON MORGENS BIS ABENDS ARBEITETEN DIE SCHWARZEN STROHHÜTE AUF DEN SCHLACHTHÖFEN, ABER ALS ES ABEND WURDE, HATTEN SIE SO GUT WIE NICHTS ERREICHT

Vor den Lennoxschen Fleischfabriken

EIN ARBEITER: Sie machen wieder eine große Schiebung am Fleischmarkt, heißt es. Bis die vorbei ist, müssen wir eben warten und Kohldampf schieben.

ANDERER ARBEITER: In den Kontoren ist Licht. Da rechnen sie den Profit aus.

Die Schwarzen Strohhüte kommen. Sie stellen ein Schild auf, auf dem „Übernachten 20 cts", „mit Kaffee 30 cts" steht.

DIE SCHWARZEN STROHHÜTE *singen:*

Obacht, gib Obacht!
Wir sehen dich, Mann, der versinkt
Wir hören dein Geschrei um Hilfe
Wir sehen dich, Frau, die winkt.
Haltet die Autos an, stoppt den Verkehr!
Mut, ihr versinkenden Leute, wir kommen, schaut her!
Du, der du untergehst
Sieh uns, oh, sieh uns, Bruder, bevor du untergehst!
Wir bringen dir zu essen
Wir haben nicht vergessen
Daß du noch draußen stehst.
Sag nicht, es hilft nichts, denn jetzt wird es anders
Das Unrecht dieser Welt kann nicht bestehn
Wenn alle mit uns kommen und marschieren
Und kümmern sich um nichts und helfen gehn.
Wir werden auffahren Tanks und Kanonen
Und Flugzeuge müssen her
Und Kriegsschiffe über das Meer
Um dir, Bruder, einen Teller Suppe zu erobern.
Denn ihr armen Leute
Ihr seid eine große Armee!
Drum muß es sein noch heute
Daß jeder euch beisteh!
Vorwärts marsch! Richt euch! Zum Sturm an das Gewehr!
Mut, ihr versinkenden Leute, wir kommen, schaut her!

Schon während des Singens verteilen die Schwarzen Strohhüte ihr Traktätchen „Der Schlachtruf", Löffel, Teller und Suppe. Die Arbeiter sagen „danke" *und hören nunmehr Johannas Rede zu.*

JOHANNA: Wir sind die Soldaten des lieben Gottes. Wegen unserer Hüte nennt man uns auch die Schwarzen Strohhüte. Wir marschieren mit Trommeln und Fahnen überall hin, wo Unruhe herrscht und Gewalttaten drohen, um an den lieben Gott zu erinnern, den sie alle vergessen haben, und ihre Seelen zu ihm zurückzubringen. Soldaten nennen wir uns, weil wir eine Armee sind und auf unserem Marsch kämpfen müssen mit dem Verbrechen und dem Elend, jenen Mächten, die uns nach unten ziehen wollen. *Sie fängt an, selbst die Suppe auszuteilen.* So, jetzt eßt mal die warme Suppe, und dann wird sich alles gleich wieder ganz anders anschauen, aber denkt gefälligst auch ein wenig an den, der euch die Suppe bescheret. Und wenn ihr so nachdenkt, dann werdet ihr sehen, daß das überhaupt die ganze Lösung ist: Oben streben und nicht unten streben. Oben sich nach einem guten Platz anstellen und nicht unten. Oben der erste sein wollen und nicht unten. Jetzt seht ihr ja, was für ein Verlaß auf das irdische Glück ist. Gar keiner. Das Unglück kommt wie der Regen, den niemand machet und der doch kommt. Ja, woher kommt euer ganzes Unglück?

EIN ESSER: Von Lennox & Co.

JOHANNA: Der Herr Lennox hat jetzt vielleicht mehr Sorgen als ihr. Was verliert denn ihr? Das geht doch in die Millionen, was der verliert!

EIN ARBEITER: Kärglich schwimmt das Fett in dem Süppchen, aber viel gesundes Wasser enthält sie und nicht gespart ist die Wärme.

ANDERER ARBEITER: Haltet das Maul, ihr Schmausenden! Lauschet dem himmlischen Text! Denn sonst wird euch das Süppchen entzogen.

JOHANNA: Ruhe! Liebe Freunde, warum seid ihr wohl arm?

ERSTER ARBEITER: Na, erzähl's uns mal.

JOHANNA: Ich will es euch sagen: nicht, weil ihr nicht mit irdischen Gütern gesegnet seid – das kann nicht jeder sein –, sondern weil ihr keinen Sinn für das Höhere habt. Darum seid ihr arm. Diese niederen Genüsse, nach denen ihr strebt, nämlich dieses bißchen Essen und hübsche Wohnungen und Kino, das sind ja nur ganz grobe sinnliche Genüsse, Gottes Wort aber ist ein viel feinerer und innerlicherer und raffinierterer Genuß, ihr könnt euch vielleicht nichts Süßeres denken als Schlagsahne, aber Gottes Wort ist eben doch noch süßer, ei, wie süß ist Gottes Wort! Das ist wie Milch und Honigseim, und bei ihm wohnet man wie in einem Palast aus Ophyr und Alabaster. Ihr Kleingläubigen, die Vögel unter dem Himmel haben keine Stellungsnachweise und die Lilien auf dem Felde haben keine Arbeit und er ernähret sie doch, weil sie lobsingen zu seinem Preis. Ihr wollt alle nach oben kommen, aber in was für ein Oben und wie wollt ihr hinaufkommen?! Und da sind es eben wir Schwarzen Strohhüte, die euch fragen, ganz praktisch: was muß einer haben, daß er überhaupt hochkommt?

ERSTER ARBEITER: Einen Stehkragen.

JOHANNA: Nein, keinen Stehkragen. Vielleicht braucht man auf Erden einen Stehkragen, damit man weiterkommt, aber vor Gott muß man noch viel mehr um haben, einen ganz anderen Glanz, aber da habt ihr nicht einmal einen Gummikragen um, weil ihr eben euren ganzen inneren Menschen vollständig vernachlässigt habt. Wie aber wollt ihr hinaufkommen, oder was ihr in eurem Unverstand so „hinauf" nennt? Durch die rohe Gewalt? Als ob Gewalt jemals etwas anderes ausgerichtet hätte als Zerstörung. Ihr glaubt, wenn ihr euch auf die Hinterbeine stellt, dann gibt es das Paradies auf Erden. Aber ich sage euch: so macht man kein Paradies, so macht man das Chaos.

Ein Arbeiter kommt gelaufen.

DER ARBEITER:
Frei wurde eben ein Arbeitsplatz!
Drüben winkt er, der lohnende
In der fünften Fabrik!
Äußerlich ist er ein Abtrittsloch.
Lauft!

Drei Arbeiter lassen die vollen Teller stehen und laufen weg.

JOHANNA: Hallo, ihr, wo lauft ihr denn hin? Wenn man euch von Gott erzählt! Das wollt ihr nicht hören! Was?!

EIN MÄDCHEN VON DEN SCHWARZEN STROHHÜTEN:
Die Suppe ist aus.

DIE ARBEITER:
Das Süppchen ist aus
Fettlos war es und wenig, aber
Besser wie nichts.

Alle wenden sich ab und stehen auf.

JOHANNA: Ja, bleibt aber nur sitzen, das schadet gar nichts, die große himmlische Suppe nämlich, die geht nicht aus.

DIE ARBEITER:

Wann endlich werdet ihr
Aufmachen eure Schabekeller
Ihr Menschenmetzger?

Es bilden sich Gruppen.

EIN MANN:

Wie bezahl ich mein Häuschen jetzt, das schmucke feuchte
In dem wir zu zwölft sind? Siebzehn
Raten hab ich bezahlt und verfällt jetzt die letzte:
Werfen sie uns auf die Straße, und nimmermehr
Sehen wir den gestampften Boden mit dem gelblichen Gras
Und nie mehr atmen wir
Die gewohnte verpestete Luft.

EIN ZWEITER MANN *in einem Kreis:*

Da stehen wir mit Händen wie Schaufeln
Und Nacken wie Rollwagen und wollen verkaufen
Die Hände und Nacken
Und niemand erwirbt sie.

DIE ARBEITER:

Und unser Werkzeug, ein riesiger Haufen
Dampfhämmer und Kräne
Versperrt hinter Mauern!

JOHANNA: Ja, was ist denn? Jetzt wenden die sich einfach weg! So, habt ihr jetzt gegessen? Wohl bekomm's und danke. Warum habt ihr denn bis jetzt zugehört?

EIN ARBEITER: Für die Suppe.

JOHANNA: Wir fahren fort. Singet!

DIE SCHWARZEN STROHHÜTE *singen:*

Geht hinein in die Schlacht
Wo das Gewühl am stärksten ist!
Singet nur, singet mit Macht! Noch ist es Nacht!
Aber der Morgen kommt schon mit Macht!
Bald auch zu euch kommt der Herr Jesus Christ.

EINE STIMME *hinten:* Bei Mauler gibt's noch Arbeit!

Die Arbeiter bis auf wenige Frauen ab.

JOHANNA *finster:* Packt die Musikinstrumente zusammen. Habt ihr gesehen, wie sie fortliefen, als die Suppe aus war!
Das erhebt sich nicht höher als
Bis zu einer Schüssel Rand. Das
Glaubt an nichts mehr, was es nicht
In seiner Hand hat – wenn's an die Hand glaubt.
Lebend von Minute zu Minute unsicher
Können die sich nicht mehr erheben
Vom niedersten Boden. Denen
Ist nur mehr der Hunger gewachsen. Sie
Berührt kein Lied mehr, zu ihnen dringt
In solche Tiefe kein Wort.

Zu den Umstehenden

Wir Schwarzen Strohhüte kommen uns vor, als sollten wir mit unsern Löffeln einen hungernden Erdteil sättigen.

Die Arbeiter kommen zurück. Geschrei von fern.

DIE ARBEITER *vorn:* Was ist das für ein Geschrei? Ein

riesiger Strom von Leuten aus der Richtung der Packhöfe!

STIMME *hinten:*
Auch Mauler und Cridle schließen!
Die Maulerschen Fabriken sperren aus!

DIE ZURÜCKFLUTENDEN ARBEITER:
Laufend nach Arbeit, begegneten wir auf halbem Wege
Einem ganzen Strom von Verzweifelten
Die ihre Arbeit verloren hatten und
Uns nach Arbeit fragten.

EIN ARBEITER *vorn:*
Wehe! Auch von dort kommt ein Zug Menschen!
Unübersehbar! Auch Mauler
Hat geschlossen. Wohin mit uns?

DIE SCHWARZEN STROHHÜTE *zu Johanna:* Komm jetzt mit. Wir sind durchfroren und naß und müssen essen.

JOHANNA: Dann will ich aber wissen, wer an all dem schuld ist.

DIE SCHWARZEN STROHHÜTE:
Halt! Misch dich nicht ein da! Sicherlich
Schreien sie dir die Ohren voll. Nur mit Niedrigem
Ist ihr Sinn angefüllt! Faulenzer sind es!
Gefräßig und arbeitsscheu und von Geburt an
Bar jeder höheren Regung!

JOHANNA: Nein, ich will's wissen. *Zu den Arbeitern:* Jetzt sagt mir: warum lauft ihr hier herum und habt keine Arbeit?

DIE ARBEITER:
Der blutige Mauler liegt in einem Kampf mit
Dem geizigen Lennox, und darum hungern wir.

JOHANNA:
Wo wohnt der Mauler?
DIE ARBEITER:
Dort, wo das Vieh verhandelt wird, in
Einem großen Gebäude, der Viehbörse.
JOHANNA:
Dort will ich hingehn, denn
Ich muß es wissen.
MARTHA *eine von den Schwarzen Strohhüten:*
Misch dich nicht hinein da! Wer viel fragt
Kriegt viele Antworten.
JOHANNA:
Nein, diesen Mauler will ich sehen, der solches Elend verrichtet.
DIE SCHWARZEN STROHHÜTE:
Dann sehen wir schwarz für dein weiteres Schicksal, Johanna.
Nicht misch dich in irdischen Zank!
Dem Zank verfällt, wer sich hineinmischt!
Seine Reinheit vergeht schnell. Bald
Vergeht vor der alles beherrschenden Kälte seine
Wenige Wärme. Die Güte verläßt ihn, der den schützenden Ofen flieht.
Von Stufe zu Stufe
Nachstrebend nach unten, der dir nimmer werdenden Antwort zu
Wirst du verschwinden in Schmutz!
Denn nur Schmutz wird gestopft in die Münder
Der ohne Vorsicht Fragenden.
JOHANNA: Ich will's wissen.
Die Schwarzen Strohhüte ab.

3

PIERPONT MAULER VERSPÜRT DEN HAUCH EINER ANDEREN WELT

Vor der Viehbörse

Unten wartend Johanna und Martha, oben die Fleischfabrikanten Lennox und Graham im Gespräch. Lennox ist kalkweiß. Hinten Börsenlärm.

GRAHAM:

Dich hat der wüste Mauler so getroffen
O guter Lennox! Unaufhaltsam ist
Der Aufstieg dieses Ungetüms, ihm wird
Natur zur Ware, selbst die Luft verkäuflich.
Was wir im Magen haben, er verkauft's uns noch mal.
Aus eingestürzten Häusern holt er Zins, aus faulem
Fleisch Geld, und wirfst du ihn mit Steinen
Setzt er in Geld gewiß die Steine um, und so
Unbändig ist sein Geldsinn, so natürlich
Ihm diese Unnatur, daß auch er selber
Nicht diesen Trieb in sich verleugnen könnt.
Denn wiß: er selbst ist weich und liebt das Geld nicht
Und kann nicht Elend sehen und schläft nicht nachts.
Drum mußt du ihm dich nahn mit halberstickter Stimme
Und sagen: Mauler, sieh mich an und nimm
Die Hand von meinem Hals, denk an dein Alter!
Sei sicher, er erschrickt. Vielleicht: er weint . . .

JOHANNA *zu Martha:*
Du allein, Martha, bist mit mir gegangen
Bis hierher. Alle andern
Verließen mich mit Warnung auf den Lippen
Als ging ich schon ins Äußerste – merkwürdige
Warnung!
Ich danke dir, Martha.
MARTHA: Auch ich warnte dich, Johanna.
JOHANNA: Und gingst mit mir.
MARTHA: Wirst du ihn aber auch erkennen, Johanna?
JOHANNA: Ich werde ihn schon kennen!
Cridle kommt oben heraus.

CRIDLE:
So, Lennox, jetzt ist's Schluß mit Unterbieten.
Jetzt bist du aus, und ich sperr zu und warte
Bis sich der Markt erholt. Ich wasche meine Höfe
Und öl die Messer durch und stell mir einige
Von diesen neuen Packmaschinen auf, mit denen
man
Ein hübsches Sümmchen Arbeitslohn einspart.
's gibt da ein neues System. Höchst listig ist's.
Das Schwein fährt hoch am Band aus Drahtgeflecht
Ins höchste Stockwerk, dort beginnt die Schlachtung.
Fast ohne Hilfe stürzt das Schwein sich selbst
Von oben in die Messer. Gut? Das Schwein
Schlachtet sich selbst. Und macht sich selbst zu Wurst.
Denn nun, fallend von Stock zu Stock, verlassen
Von seiner Haut, die sich in Leder wandelt
Sich trennend auch alsdann von seinen Borsten
Die Bürsten werden, endlich seine Knochen

Abwerfend, draus wird Mehl, drängt's durch sein eigenes
Gewicht nach unten in die Blechbüchs. Gut?

GRAHAM:
Gut. Nur: wo soll die Blechbüchs hin? Verdammte Zeiten!
Verwüstet liegt der Markt und überschwemmt von Ware.
Der Handel, der so blühend war, liegt brach.
Euch raufend um den längst verstopften Markt
Verdarbt ihr euch die Preise, selbst euch unterbietend, so
Zerstampfen Büffel im Kampf um Gras das Gras, um das sie kämpfen.

Mauler kommt mit seinem Makler Slift in einem Haufen von Fleischpackern heraus, hinter ihm zwei Detektive.

DIE FLEISCHPACKER:
Jetzt kommt's drauf an, wer durchhält!

MAULER:
Gefällt ist Lennox. *Zu Lennox:* Du bist aus, gib's zu.
Und jetzt verlang ich von dir, Cridle, daß du
Den Packhof übernimmst, wie's im Vertrag steht
Wenn Lennox aus ist.

CRIDLE:
Ja, aus ist Lennox. Aber aus ist auch
Die gute Zeit am Markt, drum mußt du, Mauler
Herunter von den zehn Millionen Dollar für deine Aktien!

MAULER:
Was? Der Preis steht

Hier im Vertrag! Hier, Lennox, schau, ob dies
Nicht ein Vertrag ist und ein Preis drinsteht!

CRIDLE:

Ja, ein Vertrag gemacht zu guter Zeit!
Und steht die schlechte Zeit auch im Vertrag?
Was soll ich jetzt allein mit einem Schlachthof
Und niemand kauft mehr eine Büchse Fleisch?
Jetzt weiß ich auch, warum du keine Ochsen
Mehr sterben sehen konntest: weil ihr Fleisch
Nicht mehr verkauft wird!

MAULER: Nein, weil mein Herz
Vor dem Gebrüll der Kreatur sich aufbäumt!

GRAHAM:

Oh, großer Mauler, ich erkenne jetzt
Die Größe deines Tuns, ach, selbst dein Herz
Hat Weitblick!

LENNOX:

Mauler, ich wollt mit dir noch einmal ...

GRAHAM:

Rühr an sein Herz, Lennox! Rühr an sein Herz!
s' ist eine empfindliche Müllgrub!

Er haut Mauler in die Herzgrube.

MAULER: Au!

GRAHAM: Siehst du! Er h a t ein Herz!

MAULER:

So, Freddy, jetzt mach ich mit Cridle aus, daß er
Dir keine Büchse abnehmen darf, weil du
Mich in den Leib haust.

GRAHAM:

Das gilt nicht, Pierpy! Das heißt Privates
Mit dem Geschäft vermengen.

CRIDLE: Ist gut, Pierpy, gern. Ganz wie du willst.

GRAHAM: Ich hab zweitausend Arbeiter, Mauler!

CRIDLE: Schick sie ins Kino! Aber, Pierpy, unser Vertrag gilt nicht. *Er rechnet in einem Büchlein.* Als wir den Vertrag über dein Ausscheiden machten, standen die Anteile, von denen du wie ich ein Drittel hast, auf dreihundertneunzig. Du hast sie mir für dreihundertzwanzig gegeben; das war billig. Heute ist es teuer, denn sie stehen auf hundert, da der Markt verstopft ist. Wenn ich dich auszahlen will, muß ich die Anteile auf den Markt werfen. Wenn ich das tue, sinken sie auf siebzig, und wovon soll ich dich dann auszahlen? Dann bin ich aus.

MAULER:

Wenn du mir das sagst, Cridle, muß ich ja sofort
Mein Geld aus dir herausziehn
Bevor du aus bist!
Ich sag dir, Cridle, ich bin so erschreckt
Daß mir der Schweiß ausbricht, höchstens sechs Tage
Kann ich dir geben! Wo denk ich hin? Fünf Tage
Wenn es so mit dir steht.

LENNOX: Mauler, sieh mich.

MAULER: Lennox, sag du, ob der Vertrag was über schlechte Zeiten sagt.

LENNOX: Nein.

Lennox ab.

MAULER *schaut ihm nach:*

Mir scheint, als ob ein Kummer ihn bedrückte
Und ich, so im Geschäft (wär ich's doch nicht!)
Erkannt es nicht! O tierisches Geschäft!
Mich ekelt's, Cridle.

Cridle ab. Johanna hat inzwischen den einen Detektiv zu sich gewinkt und ihm etwas gesagt.

DER DETEKTIV: Herr Mauler, da sind einige, die mit Ihnen sprechen wollen.

MAULER:

Abgerissenes Pack, was? Neidisch aussehend, was?
Und gewalttätig, wie? Ich
Bin nicht zu sprechen.

DER DETEKTIV: Es sind ein paar von der Organisation der Schwarzen Strohhüte.

MAULER: Was ist das für eine Organisation?

DER DETEKTIV: Sie sind weit verzweigt und zahlreich und angesehen bei den unteren Ständen, wo man sie die Soldaten des lieben Gottes nennt.

MAULER:

Ich hörte schon von ihnen. Seltsamer Name:
Des lieben Gottes Soldaten ... aber
Was wollen die von mir?

DER DETEKTIV: Sie haben mit Ihnen zu sprechen, sagen sie.

Währenddessen geht jetzt der Börsenlärm weiter: Ochsen 43, Schweine 55, Rinder 59 usw.

MAULER:

Gut, sag ihnen, ich will sie sehn.
Sag ihnen aber auch, daß sie nichts sagen dürfen, was ich
Nicht selber frag. Auch Tränen oder Lieder
Besonders rührselige, dürfen sie nicht plärren.
Sag ihnen noch, am meisten könnt's ihnen nützen
Wenn ich den Eindruck hätt, sie seien

Gutgesinnte Menschen, gegen die nichts vorliegt
Und die nichts wollen von mir, was ich nicht hab.
Und noch was: sag nicht, daß ich der Mauler bin.

Der Detektiv geht hinüber zu Johanna.

DER DETEKTIV:
Er will euch sprechen, aber
Ihr sollt nichts fragen, sondern nur antworten
Wenn er euch fragt.

Johanna tritt auf Mauler zu.

JOHANNA: Sie sind der Mauler!
MAULER: Nicht ich bin's. *Zeigt auf Slift.* Der ist's.
JOHANNA *deutet auf Mauler:* Sie sind der Mauler.
MAULER: Nein, der ist's.
JOHANNA: Sie sind's.
MAULER: Wie kennst du mich?
JOHANNA: Weil du das blutigste Gesicht hast.

Slift lacht.

MAULER: Du lachst, Slift?

Graham ist inzwischen weggelaufen.

MAULER *zu Johanna:* Wieviel Geld bekommt ihr für den Tag?
JOHANNA: Zwanzig Cent, aber das Essen und die Kleidung.
MAULER:
Dünne Kleider, Slift, und sicher magere Suppen, wie?
Ja, die Kleider mögen dünn sein und die Suppen nicht fett.

JOHANNA:
Warum, Mauler, sperrst du die Arbeiter aus?
MAULER *zu Slift:*
Daß sie arbeiten ohne Verdienst
Das ist merkwürdig, nicht? Niemals noch hört ich
Daß solches vorgefallen wär, daß einer arbeitet
Für nichts und ist's nicht leid. Auch find ich keine
Furcht
In ihrem Aug
Vor Brückenbogen und Elend.
Zu Johanna
Ihr Schwarzen Strohhüte seid seltsame Leute.
Ich frag euch nicht, was ihr Besonderes wollt
Von mir. Ich weiß, man nennt mich – dummes Pack! –
Den blutigen Mauler, sagt, ich hätt den Lennox
Um seine Sach gebracht oder dem Cridle
Der, unter uns, ein wenig guter Mensch ist
Ungelegenheiten bereitet. Euch kann ich sagen:
Das ist nur Geschäftliches und wird euch
Nicht interessieren. Was andres aber war's, worüber
Gern ich eure Ansicht hörte. Ich habe vor, dies
blutige
Geschäft baldmöglichst aufzugeben: ganz.
Neulich nämlich, das wird euch interessieren, sah ich
Einen Ochsen sterben und war so erschüttert, daß
Ich alles aufgeben will, auch meinen Anteil
An der Fabrik verkauft hab, zwölf Millionen
Dollar. Ich gab sie dem
Für zehn. Haltet ihr
Das nicht für richtig und ganz nach eurem Sinn?
SLIFT:
Er sah den Ochsen sterben und beschloß

Statt dieses armen Ochsen
Den reichen Cridle nun zu schlachten.
War das richtig?

Die Fleischpacker lachen.

MAULER:
Lacht nur. Mich ficht nicht an euer Lachen. Ich sehe
Euch noch weinen.

JOHANNA:
Herr Mauler, warum haben Sie die Schlachthöfe
zugemacht?
Das muß ich wissen.

MAULER:
Ist's nicht ein Äußerstes, daß ich die Hand
herausnahm
Aus einem großen Geschäft, nur weil es blutig ist?
Sag, daß es richtig ist und dir gefällt.
Nein, sag mir's nicht, ich weiß schon, ich geb's zu,
es sind
Einige dadurch ins Unglück gekommen, sie haben
keine
Arbeit mehr, ich weiß. 's war leider unvermeidlich.
Übrigens schlechte Leute, rohes Gesindel, geht lieber
nicht hin, aber sag mir:
Daß ich die Hand aus dem Geschäft nahm, das
Ist doch richtig?

JOHANNA:
Ich weiß nicht, ob du im Ernst fragst.

MAULER:
Das kommt, weil meine verdammte Stimm
Verstellung
Gewohnt ist, darum auch weiß ich: du
Magst mich nicht. Sag nichts.

Zu den andern

Mir ist, als weht aus einer andern Welt ein Hauch
mich an.

Er nimmt allen alles Geld ab und gibt's ihr.

Gebt Geld her, ihr Viehmetzger, jetzt gebt Geld her!

Er nimmt's ihnen aus den Taschen, gibt es Johanna.

Nimm's für die armen Leute, Mädchen!
Aber wisse, ich fühl keinerlei Verpflichtung
Und schlaf recht gut. Warum ich hier helf? Vielleicht
nur
Weil mir dein Gesicht gefällt, weil's so unwissend
ist, obgleich
Du zwanzig Jahre lebtest.

MARTHA *zu Johanna:*

Ich glaube nicht, daß er es ehrlich meint.
Verzeih, Johanna, daß auch ich jetzt weggeh
Denn auch du, scheint's mir, solltest
Wirklich dies alles lassen!

Martha geht ab.

JOHANNA: Herr Mauler, das ist doch nur ein Tropfen auf den heißen Stein. Können Sie ihnen nicht wirklich helfen?

MAULER:

Sagt's überall, ich billige sehr eure Tätigkeit und
Wollt, solche wie ihr gäb's mehr. Aber das mit
Den armen Leuten dürft ihr nicht so nehmen.
's sind schlechte Leute. Menschen rühren mich nicht
Sie sind nicht unschuldig und selber Metzger. Doch
Lassen wir das.

JOHANNA: Herr Mauler, auf den Schlachthöfen sagen sie, Sie sind schuld an dem Elend.

MAULER:

Mit Ochsen hab ich Mitleid, der Mensch ist schlecht.
Die Menschen sind für deinen Plan nicht reif.
Erst muß, bevor die Welt sich ändern kann
Der Mensch sich ändern.
Noch einen Augenblick.

Er spricht leise zu Slift

Gib ihr noch abseits, wenn sie allein ist, Geld!
Sag: für ihre Armen, daß sie es nehmen kann
Ohn zu erröten, dann aber sieh, was sie sich kauft.
Wenn das nicht hilft, ich wollt, es hülfe nicht
Dann nimm sie mit
Zum Schlachthof und zeig ihr
Ihre armen Leute, wie sie schlecht sind und tierisch, voll Verrat und Feigheit
Und daß sie selber schuld sind.
Vielleicht hilft das.

Zu Johanna

Hier, Sullivan Slift, mein Makler, wird dir etwas zeigen.

Zu Slift

Denn wiß, mir ist fast unerträglich, daß es solche gibt
Wie dieses Mädchen, nichts besitzend als den schwarzen Hut
Und zwanzig Cent am Tag und furchtlos.

Mauler geht weg.

SLIFT *zu Johanna:*

Ich wollt nicht wissen, was du wissen willst.
Doch wenn du's wissen willst, komm morgen hierher.

JOHANNA *sieht Mauler nach:*

Das ist kein schlechter Mensch, das ist der erste
Den unsere Trommeln aufscheuchen aus dem
Gestrüpp der Niederträchtigkeit
Und der den Ruf vernimmt.

SLIFT *im Abgehen:* Laß dich, ich rat dir ab, nicht ein mit denen auf den Schlachthöfen, das ist ein niedriges Pack, eigentlich der Abschaum der Welt.

JOHANNA: Ich will ihn sehen.

4

DER MAKLER SULLIVAN SLIFT ZEIGT JOHANNA DARK DIE SCHLECHTIGKEIT DER ARMEN: JOHANNAS ZWEITER GANG IN DIE TIEFE

Gegend der Schlachthöfe

SLIFT:

Jetzt, Johanna, will ich dir zeigen
Wie schlecht die sind
Mit denen du Mitleid hast, und
Daß es nicht am Platz ist.

Sie gehen an einer Fabrikmauer entlang, auf der steht „Mauler & Cridle, Fleischfabriken". Der Name Mauler ist kreuzweise durchgestrichen. Aus einem Pförtchen treten zwei Männer. Slift und Johanna hören ihr Gespräch.

VORARBEITER *zu einem jungen Burschen:* Vor vier Tagen ist uns ein Mann namens Luckerniddle in den

Sudkessel gefallen; da wir die Maschinen nicht schnell genug abstellen konnten, geriet er entsetzlicherweise in die Blattspeckfabrikation hinein; dies ist sein Rock und dies seine Mütze, nimm sie und laß sie verschwinden, sie nehmen nur einen Haken in der Garderobe weg und machen einen schlechten Eindruck. Es ist gut, sie zu verbrennen, und am besten gleich. Ich vertraue dir die Sachen an, weil ich dich als einen verläßlichen Menschen kenne: ich würde meine Stellung verlieren, wenn das Zeug wo gefunden würde. Sobald die Fabrik aufgemacht wird, kannst du natürlich Luckerniddles Platz bekommen.

DER BURSCHE: Sie können sich auf mich verlassen, Herr Smith.

Der Vorarbeiter geht durch das Pförtchen zurück.

DER BURSCHE: Schade um den Mann, der jetzt als Blattspeck in die weite Welt hinausgehen muß, aber schade eigentlich auch um seinen Rock, der noch gut erhalten ist. Onkel Blattspeck ist jetzt in seine Blechbüchse gekleidet und braucht ihn nicht mehr, während ich ihn sehr gut brauchen könnte. Scheiß darauf, ich nehm ihn.

Er zieht ihn an und wickelt seinen Rock und seine Mütze in Zeitungspapier.

JOHANNA *schwankt:* Mir ist übel.

SLIFT: Das ist die Welt, wie sie ist. *Er hält den jungen Burschen auf.* Woher haben Sie denn diesen Rock und diese Mütze? Die stammen doch von dem verunglückten Luckerniddle.

DER BURSCHE: Bitte, sagen Sie es nicht weiter, Herr.

Ich werde die Sachen sofort wieder ausziehen. Ich bin sehr heruntergekommen. Zwanzig Cent, die man in den Kunstdüngerkellern mehr verdient, haben mich voriges Jahr verlockt, an der Knochenmühle zu arbeiten. Da bekam ich es an der Lunge und eine langwierige Entzündung an den Augen. Seither ist meine Leistungsfähigkeit zurückgegangen, und seit Februar habe ich nur zweimal eine Arbeitsstelle gefunden.

SLIFT: Laß die Sachen an. Und komm heute mittag in die Kantine sieben. Du kannst dir ein Mittagessen und einen Dollar holen, wenn du der Frau des Luckerniddle sagst, woher deine Mütze stammt und dein Rock.

DER BURSCHE: Aber ist das nicht roh, Herr?

SLIFT: Ja, wenn du es nicht nötig hast!

DER BURSCHE: Sie können sich auf mich verlassen, Herr.

Johanna und Slift gehen weiter.

FRAU LUCKERNIDDLE *sitzt vor dem Fabriktor und klagt:*

Ihr da drinnen, was macht ihr mit meinem Mann?
Vor vier Tagen ging er zur Arbeit, er sagte:
Stell mir die Suppe warm am Abend! Und ist bis
Heute nicht gekommen! Was habt ihr mit ihm gemacht
Ihr Metzger! Seit vier Tagen stehe ich hier in der
Kälte, auch nachts, und warte, aber es wird mir nichts
Gesagt, und mein Mann kommt nicht heraus! Aber ich sage
Euch, ich werde hier stehen, bis ich ihn

Zu sehen bekomme, und wehe! wenn ihr ihm etwas getan habt!

Slift tritt auf die Frau zu.

SLIFT: Ihr Mann ist verreist, Frau Luckerniddle.

FRAU LUCKERNIDDLE: Jetzt soll er wieder verreist sein!

SLIFT: Ich will Ihnen etwas sagen, Frau Luckerniddle, er ist verreist, und es ist für die Fabrik sehr unangenehm, wenn Sie da herumsitzen und dummes Zeug reden. Wir machen Ihnen daher ein Angebot, wozu wir gesetzlich gar nicht gezwungen wären. Wenn Sie Ihre Nachforschungen nach Ihrem Mann einstellen, dann können Sie drei Wochen lang mittags in unserer Kantine umsonst Essen bekommen.

FRAU LUCKERNIDDLE: Ich will wissen, was mit meinem Mann los ist.

SLIFT: Wir sagen Ihnen, daß er nach Frisco gefahren ist.

FRAU LUCKERNIDDLE: Der ist nicht nach Frisco gefahren, sondern es ist euch etwas passiert mit ihm, und ihr wollt es verbergen.

SLIFT: Wenn Sie so denken, Frau Luckerniddle, können Sie von der Fabrik kein Essen annehmen, sondern müssen der Fabrik einen Prozeß machen. Aber überlegen Sie sich das gründlich. Morgen bin ich in der Kantine für Sie zu sprechen.

Slift kehrt zu Johanna zurück.

FRAU LUCKERNIDDLE: Ich muß meinen Mann wiederhaben. Ich habe niemand außer ihm, der mich erhält.

JOHANNA:

Sie wird nie kommen.
Viel mögen sein zwanzig Mittagessen

Für einen Hungrigen, aber
Es gibt mehr für ihn.

Johanna und Slift gehen weiter. Sie kommen vor eine Fabrikkantine und sehen zwei Männer, die durch ein Fenster hineinschauen.

GLOOMB: Hier sitzt der Antreiber, der dran schuld ist, daß ich meine Hand in die Blechschneidemaschine brachte, und frißt sich den Bauch voll. Wir müssen dafür sorgen, daß sich das Schwein zum letzten Male auf unsere Kosten vollfrißt. Gib mir lieber deinen Prügel, der meine bricht vielleicht gleich ab.

SLIFT *zu Johanna:* Bleib hier stehen. Ich will mit ihm reden. Und wenn er herkommt, dann sag, du suchst Arbeit. Dann wirst du sehen, was das für Leute sind. *Er geht zu Gloomb.* Bevor Sie sich zu etwas hinreißen lassen, wie es mir den Anschein hat, möchte ich Ihnen gern einen günstigen Vorschlag machen.

GLOOMB: Ich habe jetzt keine Zeit, Herr.

SLIFT: Schade, es wären Vorteile für Sie damit verbunden gewesen.

GLOOMB: Machen Sie es kurz. Wir dürfen das Schwein nicht verpassen. Er muß heute seinen Lohn beziehen für dieses unmenschliche System, für das er den Antreiber macht.

SLIFT: Ich hätte einen Vorschlag, wie Sie sich helfen könnten. Ich bin Inspektor in der Fabrik. Es ist sehr unangenehm, daß der Platz an Ihrer Maschine leer geblieben ist. Den meisten Leuten ist er zu gefährlich, gerade weil Sie so viel Aufhebens wegen Ihrer Finger gemacht haben. Es wäre natürlich sehr gut, wenn wir wieder jemand für den Posten hätten.

Wenn Sie zum Beispiel jemand dafür brächten, wären wir sofort bereit, Sie wieder einzustellen, ja Ihnen sogar einen leichteren und besser bezahlten Posten zu geben wie bisher. Vielleicht gerade den Posten des Vorarbeiters. Sie machen mir einen scharfen Eindruck. Und der da drinnen hat sich zufällig in der letzten Zeit mißliebig gemacht. Sie verstehen. Sie müßten natürlich auch für das Tempo sorgen und vor allem, wie gesagt, jemand finden für den Platz an der, ich geb's zu, schlecht gesicherten Blechschneidemaschine. Da drüben zum Beispiel steht ein Mädchen, das Arbeit sucht.

GLOOMB: Auf das, was Sie sagen, kann man sich verlassen?

SLIFT: Ja.

GLOOMB: Die da drüben? Sie macht einen schwachen Eindruck. Der Platz ist nicht für Leute, die rasch müde werden. *Zu dem anderen:* Ich habe es mir überlegt, wir werden es morgen abend machen. Die Nacht ist günstiger für solche Späße. Guten Morgen. *Geht auf Johanna zu.* Sie suchen Arbeit?

JOHANNA: Ja.

GLOOMB: Sie sehen gut?

JOHANNA: Nein. Ich habe voriges Jahr in den Kunstdüngerkellern gearbeitet an einer Knochenmühle. Da bekam ich es auf der Lunge und eine langwierige Augenentzündung. Ich bin seit Februar ohne Stellung. Ist es ein guter Platz?

GLOOMB: Der Platz ist gut. Es ist eine Arbeit, die auch schwächere Leute wie Sie machen können.

JOHANNA: Ist wirklich kein anderer Platz möglich? Ich habe gehört, die Arbeit an dieser Maschine sei gefährlich für Leute, die rasch müde werden. Ihre Hände werden unsicher, und dann greifen sie in die Schneiden.

GLOOMB: Das ist alles nicht wahr. Sie werden erstaunt sein, wie angenehm die Arbeit ist. Sie werden sich an den Kopf greifen und sich fragen, wie können die Leute nur so lächerliche Geschichten über diese Maschine erzählen.

Slift lacht und zieht Johanna weg.

JOHANNA: Jetzt fürcht ich mich fast, weiterzugehen, denn was werde ich noch sehen!

Sie gehen in die Kantine und sehen Frau Luckerniddle, die mit dem Kellner spricht.

FRAU LUCKERNIDDLE *rechnend:* Zwanzig Mittagessen ... dann könnte ich ... dann ginge ich und dann hätte ich ... *Sie setzt sich an einen Tisch.*

KELLNER: Wenn Sie nicht essen, müssen Sie hinausgehen.

FRAU LUCKERNIDDLE: Ich warte auf jemand, der heute oder morgen kommen wollte. Was gibt es es heute mittag?

KELLNER: Erbsen.

JOHANNA:

Dort sitzt sie.
Ich dacht, sie wär ganz fest und fürchtete
Sie käme morgen doch, und jetzt lief sie schneller als wir hierher
Und ist schon da und wartet schon auf uns.

SLIFT: Geh und bring ihr selbst das Essen, vielleicht besinnt sie sich.

Johanna holt Essen und bringt es Frau Luckerniddle.

JOHANNA: Sie sind heute schon da?

FRAU LUCKERNIDDLE: Ich habe nämlich seit zwei Tagen nichts gegessen.

JOHANNA: Sie wußten doch nicht, daß wir heute schon kommen?

FRAU LUCKERNIDDLE: Das ist richtig.

JOHANNA: Auf dem Weg hierher habe ich sagen hören, Ihrem Mann sei in der Fabrik etwas zugestoßen, woran die Fabrik schuld ist.

FRAU LUCKERNIDDLE: Ah so, Sie haben sich Ihr Angebot wieder überlegt? Ich kann also die zwanzig Essen nicht bekommen?

JOHANNA: Sie haben sich aber doch mit Ihrem Mann gut verstanden, wie ich höre? Mir sagten Leute: Sie haben niemand außer ihm.

FRAU LUCKERNIDDLE: Ja, ich habe seit zwei Tagen nichts gegessen.

JOHANNA: Wollen Sie nicht bis morgen warten? Wenn Sie Ihren Mann aufgeben, wird niemand mehr nach ihm fragen.

Frau Luckerniddle schweigt.

JOHANNA: Nimm's nicht.

Frau Luckerniddle reißt ihr das Essen aus der Hand und fängt an, gierig zu essen.

FRAU LUCKERNIDDLE: Er ist nach Frisco gefahren.

JOHANNA:

Und Keller und Lager sind voll Fleisch
Das unverkäuflich ist und schon verdirbt
Weil's keiner abnimmt.

Hinten kommt der junge Arbeiter mit dem Rock und der Mütze herein.

DER ARBEITER: Guten Morgen, also ich kann hier essen?
SLIFT: Setzen Sie sich nur zu der Frau dort.

Der Mann setzt sich.

SLIFT *hinter ihm:* Sie haben da eine hübsche Mütze. *Der Arbeiter verbirgt sie.* Wo haben Sie die her?
DER ARBEITER: Gekauft.
SLIFT: Wo haben Sie sie denn gekauft?
DER ARBEITER: Die habe ich in keinem Laden gekauft.
SLIFT: Woher haben Sie sie dann?
DER ARBEITER: Die hab ich von einem Mann, der in einen Sudkessel gefallen ist.

Frau Luckerniddle wird es schlecht. Sie steht auf und geht hinaus.

FRAU LUCKERNIDDLE *im Hinausgehen zum Kellner:* Lassen Sie den Teller stehen. Ich komme zurück. Ich komme jeden Mittag hierher. Fragen Sie nur den Herrn. *Ab.*
SLIFT: Drei Wochen lang wird sie kommen und fressen, ohne aufzusehen, wie ein Tier. Hast du gesehn, Johanna, daß ihre Schlechtigkeit ohne Maß ist?
JOHANNA:

Wie aber beherrschest du
Ihre Schlechtigkeit! Wie nützt ihr sie aus!
Siehst du nicht, daß es auf ihre Schlechtigkeit regnet?
Sicherlich gern hätte sie doch
Treue gehalten ihrem Mann wie andere auch
Und nach ihm gefragt, der ihr Unterhalt gab

Eine Zeitlang noch, wie es sich gehört.
Aber der Preis war zu hoch, der zwanzig Essen betrug.
Und hätte der junge Mensch, auf den
Sich jeder Schurke verlassen kann
Der Frau des Toten den Rock gezeigt
Wenn es nach ihm gegangen wär?
Aber der Preis erschien ihm zu hoch
Und warum sollte der Mann mit dem einen Arm
Nicht mich warnen? Wenn nicht der Preis
So kleiner Rücksicht für ihn so hoch wär?
Sondern verkaufen den Zorn, der gerecht ist, aber zu teuer?
Ist ihre Schlechtigkeit ohne Maß, so ist's
Ihre Armut auch. Nicht der Armen Schlechtigkeit
Hast du mir gezeigt, sondern
Der Armen Armut.
Zeigtet ihr mir der Armen Schlechtigkeit
So zeig ich euch der schlechten Armen Leid.
Verkommenheit, voreiliges Gerücht!
Sei widerlegt durch ihr elend Gesicht!

5

JOHANNA STELLT DER VIEHBÖRSE DIE ARMEN VOR

Die Viehbörse

DIE PACKHERREN:
Wir verkaufen Büchsenfleisch!
Aufkäufer, kauft Büchsenfleisch!
Frisches, saftiges Büchsenfleisch!
Maulers und Cridles Blattspeck!
Grahams Ochsenlenden butterweich!
Wildes Kentuckyschmalz preiswert!

DIE AUFKÄUFER:
Und es ward stille über den Wassern und
Eine Pleite unter den Aufkäufern!

DIE PACKHERREN:
Durch die gewaltigen Fortschritte der Technik
Fleiß der Ingenieure und Weitblick der Unternehmer
Ist es uns gelungen
Für Maulers und Cridles Blattspeck
Grahams Ochsenlenden butterweich
Wildes Kentuckyschmalz preiswert
Den Preis um ein Drittel zu senken!
Aufkäufer, kauft Büchsenfleisch!
Ergreift die Gelegenheit!

DIE AUFKÄUFER:
Und ein Schweigen ward über den Bergesgipfeln
Und die Hotelküchen verhüllten ihr Haupt
Und die Läden wandten sich schaudernd ab
Und es verfärbte sich der Zwischenhandel!

Wir Aufkäufer erbrechen uns, wenn wir
Eine Büchse Fleisch sehen. Der Magen dieses Lands
Hat sich überfressen an Fleisch aus Büchsen
Und widersetzt sich.

SLIFT:

Was schreiben dir denn deine Freunde in New York?

MAULER:

Theorien. Wenn's nach denen ginge
Müßt jetzt der ganze Fleischring in den Dreck
Und das auf Wochen, bis er nicht mehr japst
Und ich hätt auf dem Hals das ganze Fleisch!
Unsinn!

SLIFT:

Lachen möcht ich, wenn die jetzt wirklich in New York
Die Zölle klein kriegten, den Süden uns aufschlössen
Und machten so ein Ding wie eine Hausse, und wir
Wären nicht eingestiegen!

MAULER:

Und wenn's so ginge! Hättest du die Stirn
Aus solchem Elend dir dein Fleisch zu schneiden
Wo sie jetzt aufpassen wie die Luchse
Wer hier was macht? Ich hätt die Stirn nicht.

DIE AUFKÄUFER:

Da stehen wir Aufkäufer mit Gebirgen von Büchsen
Und Kellern voll von gefrorenen Ochsen
Und wollen verkaufen die Ochsen in Büchsen
Und niemand erwirbt sie!
Und unsre Kunden, die Küchen und Läden
Sind bis zu den Decken voll von Gefrierfleisch
Und brüllen nach Käufern und Essern!
Wir kaufen nichts mehr!

Die Packherren:
Da stehen wir Packherrn mit Schlachthof und Packraum
Die Ställe voll Ochsen, Tag und Nacht unter Dampf
Laufen die Maschinen, Pökel, Bottich und Sudkessel
Und wollen die Herden, die brüllenden, fressenden
Umwandeln in Büchsenfleisch, und niemand will Büchsenfleisch.
Wir sind verloren!

Die Viehzüchter:
Und wir, die Viehzüchter?
Wer kauft jetzt Vieh? In unsren Ställen stehen
Ochsen und Schweine, fressend teuren Mais
Und auf den Zügen fahren sie heran und fahrend
Fressen sie, und auf den Bahnhöfen in
Zinsfressenden Verschlägen warten sie, immer fressend.

Mauler:
Und jetzt weisen die Messer sie zurück.
Der Tod, dem Vieh die kalte Schulter zeigend
Schließt seinen Laden.

Die Packherren *schreien auf Mauler ein, der die Zeitung liest:*
Verräterischer Mauler, Nestbeschmutzer!
Meinst du, wir wissen nicht, wer da so ganz geheim
Vieh hier verkauft und drückt den Preis ins Bodenlose!
Seit Tagen bietest du Fleisch an!

Mauler:
Ihr frechen Metzger, heult in eurer Mütter Schoß
Weil die verfolgte Kreatur zu brüllen aufhört!
Geht heim und sagt, daß einer unter euch

Die Ochsen nicht mehr brüllen hören konnte
Und euer Brüllen jenem Brüllen vorzog!
Ich will mein Geld und Ruh für mein Gewissen!

EIN MAKLER *vom Eingang der Börse im Hintergrund herbrüllend:*

Riesiger Kurssturz am Effektenmarkt!
Große Verkäufe in Aktien. Cridle vormals Mauler
Reißen die Kurse des ganzen Fleischrings
Mit in die Tiefe.

Unter den Fleischfabrikanten entsteht ein Tumult. Sie bestürmen Cridle, der kalkweiß dasteht.

DIE PACKHERREN:

Was soll das, Cridle, sieh uns mal ins Auge!
Jetzt stößt du Aktien ab bei dieser Börse?

DIE MAKLER:

Bei hundertfünfzehn!

DIE PACKHERREN:

Hast du Dreck im Kopf?
Das bist nicht du allein, den du da umbringst!
Scheißkerl! Verbrecher!

CRIDLE *zeigt auf Mauler:*

Haltet euch an den!

GRAHAM *stellt sich vor Cridle:*

Das ist der Cridle nicht, das ist ein anderer
Der da fischt, und wir sollen die Fische sein!
's gibt Leute, die jetzt an den Fleischring wollen
Und ganze Arbeit tun! Steh Rede, Mauler!

DIE PACKHERREN *zu Mauler:*

's geht, Mauler, ein Gerücht, du ziehst dein Geld
Aus Cridle, der schon wanken soll, und Cridle
Selbst schweigt und zeigt auf dich.

MAULER: Wenn ich diesem Cridle, der mir selbst zugestanden hat, daß er faul ist, mein Geld noch eine Stunde ließe, wer von euch nähm mich noch ernst als Kaufmann, und nichts wünsch ich so, als daß i h r mich ernst nehmt.

CRIDLE *zu den Umstehenden:* Vor knapp vier Wochen machte ich einen Kontrakt mit Mauler. Er wollte mir seine Anteile, die ein Drittel aller Anteile ausmachten, für zehn Millionen Dollar verkaufen. Von diesem Tage an hat er, wie ich heute erst erfahre, heimlich durch große Verkäufe billigen Viehs die schon sowieso versackenden Preise noch weiter verdorben. Er konnte sein Geld verlangen, wann immer er wollte. Ich hatte vor, ihn auszuzahlen, indem ich einen Teil seiner Aktien, die ja hoch standen, auf dem Markt unterbrachte und einen Teil davon belieh. Da kam die Baisse. Maulers Anteile sind heute nicht mehr zehn, sondern drei Millionen, die ganzen Werke statt dreißig zehn Millionen wert. Das sind genau die zehn Millionen, die ich Mauler schulde und die er über Nacht verlangt.

DIE PACKHERREN:

Wenn du das tust und drängst den Cridle so
Mit dem wir nicht verschwägert sind, dann weißt du
Wohl, daß das uns auch angeht. Den ganzen Handel
Verwüstest du, der selber schuld ist dran
Daß unsere Büchsen billig sind wie Sand
Weil du den Lennox schlugst durch billige Büchsen!

MAULER:

Hättet ihr nicht zu viel geschlachtet, ihr
Rasenden Metzger! Jetzt will ich mein Geld.

Und wenn ihr alle betteln geht: mein Geld
Muß her! Ich habe andere Pläne.

DIE VIEHZÜCHTER:
Lennox gefällt! Und Cridle wankt! Und Mauler
Zieht all sein Geld heraus!

DIE KLEINEN SPEKULANTEN:
Ach, unser, der kleinen Spekulanten, gedenkt
Niemand. Die aufschreiend sehen
Den Sturz des Kolosses, wohin er fällt, wen er erschlägt
Sehen sie nicht. Mauler, unser Geld!

DIE PACKHERREN: Achtzigtausend Büchsen zu fünfzig, aber schnell!

DIE AUFKÄUFER: Nicht eine einzige!

Stille. Man hört das Trommeln der Schwarzen Strohhüte und die Stimme Johannas.

JOHANNAS STIMME: Pierpont Mauler! Wo ist der Mauler?

MAULER:
Was für ein Trommeln ist das? Wer
Ruft meinen Namen?
Hier, wo jeder
Die nackte Fresse zeigt von Blut verschmiert!

Auftreten die Schwarzen Strohhüte. Sie singen ihr Kampflied.

DIE SCHWARZEN STROHHÜTE *singen:*
Obacht, gebt Obacht!
Dort ist ein Mann, der versinkt!
Dort ist ein Geschrei um Hilfe
Dort ist eine Frau, die winkt.
Haltet die Autos an, stoppt den Verkehr!

Ringsum versinken Menschen und keiner schaut her!
Könnt ihr denn gar nicht sehn?
Hallo für euren Bruder und nicht für irgendwen!
Steht auf von eurem Essen
Habt ihr denn ganz vergessen
Daß viele draußen stehn?
Ich hör euch sagen: Das wird niemals anders
Das Unrecht dieser Welt wird stets bestehn.
Wir aber sagen euch: Man muß marschieren
Und kümmern sich um nichts und helfen gehn
Und auffahren Tanks und Kanonen
Und Flugzeuge müssen her
Und Kriegsschiffe über das Meer
Um den Armen einen Teller Suppe zu erobern.
Und das muß sein noch heute
Daß jeder uns beisteh
Denn die guten Leute
Das ist keine große Armee.
Vorwärts marsch! Richt euch! Zum Sturm an das Gewehr!
Ringsum versinken Menschen und keiner schaut her!

Währenddessen ist die Börsenschlacht weitergegangen. Aber es pflanzt sich nach vorn ein Gelächter fort, das von Zurufen angeführt wird.

DIE PACKHERREN: Achtzigtausend Büchsen zum halben Preis, aber schnell!
DIE AUFKÄUFER: Nicht eine einzige!
DIE PACKHERREN: Mauler, dann sind wir aus.
JOHANNA: Wo ist der Mauler?
MAULER:
Geh jetzt nicht weg, Slift! Graham, Meyers

Bleibt stehen vor mir.
Ich will hier nicht gesehen sein.

DIE VIEHZÜCHTER:
Kein Ochse mehr verkäuflich in Chicago
Ganz Illinois kommt um an diesem Tag
Mit steigenden Preisen habt ihr uns gehetzt, Ochsen zu züchten
Da stehen wir mit Ochsen
Und niemand erwirbt sie.
Mauler, du Hund, du bist schuld an dem Unglück.

MAULER:
Nichts von Geschäften jetzt. Graham, mein Hut. Denn ich muß weg.
Hundert Dollar für meinen Hut.

CRIDLE: So sei verdammt.

Cridle geht ab.

JOHANNA *hinter Mauler:* Bleiben Sie nur hier, Herr Mauler, und hören Sie, was ich Ihnen zu sagen habe, und das können alle hören. Ruhe.
Ja, nicht wahr, das ist euch jetzt nicht recht, daß wir Schwarzen Strohhüte hier erscheinen, an euren verborgenen und dunklen Orten, wo ihr euren Handel treibt! Ich habe schon gehört, was ihr da macht, wie ihr das Fleisch immer teurer macht mit euren Umtrieben und raffinierten Schlichen. Aber wenn ihr geglaubt habt, daß das verborgen bleibt, da seid ihr aber auf dem Holzwege, jetzt und am Tage seines Gerichtes, denn da wird es offenbar, und wie steht ihr dann da, wenn euch unser Herr und Heiland antreten läßt in einer Reihe und fragt mit seinen großen Augen: Wo sind jetzt meine Ochsen? Was

habt ihr getan mit ihnen? Habt ihr sie auch der Bevölkerung zugänglich gemacht zu erschwinglichen Preisen? Oder wo sind sie hingekommen? Und wenn ihr dann verlegen dasteht und nach Ausreden sucht wie in euren Zeitungen, die auch nicht immer nur die Wahrheit drucken, dann werden die Ochsen hinter euch brüllen in allen den Scheunen, wo ihr sie versteckt haltet, damit sie im Preise steigen bis ins Aschgraue, und mit ihrem Brüllen werden sie vor dem allmächtigen Gott wider euch zeugen!

Gelächter.

DIE VIEHZÜCHTER:

Wir Viehzüchter finden dabei nichts zum Lachen!
Angewiesen Sommer und Winter auf das Wetter,
stehen wir
Dem alten Gott bedeutend näher.

JOHANNA: Und jetzt ein Beispiel. Wenn einer einen Damm baut gegen das unvernünftige Wasser und tausend Leute helfen ihm mit ihrer Hände Arbeit und dann bekommt er eine Million dafür, aber der Damm reißt sofort, wenn das Wasser kommt, und es ertrinken alle, die dran bauen, und noch viel mehr – was ist der, der einen solchen Damm baut? Ihr könnt sagen, das ist ein Geschäftsmann, oder je nachdem, das ist ein Lump, aber wir sagen euch, das ist ein Dummkopf. Und ihr alle, die ihr das Brot verteuert und den Menschen das Leben zur Hölle macht, daß alle zu Teufeln werden, ihr seid dumm, armselige und schäbige Dummköpfe und nichts sonst!

DIE AUFKÄUFER *schreiend:*

Durch eure rücksichtslose

Preistreiberei und schmutzige Gewinnsucht
Bringt ihr euch selber um!
Dummköpfe!

Die Packherren *zurück:*
Selber Dummköpfe!
Gegen Krisen kann keiner was!
Unverrückbar über uns
Stehen die Gesetze der Wirtschaft, unbekannte.
Wiederkehren in furchtbaren Zyklen
Katastrophen der Natur!

Die Viehzüchter:
Uns am Hals haben, dafür kann keiner was?
Schlechtigkeit ist es, ausgetüftelte Schlechtigkeit!

Johanna: Denn warum ist diese Schlechtigkeit in der Welt? Ja, wie soll's denn anders sein! Natürlich, wenn jeder seinem Nächsten wegen einem Stückchen Schinken aufs Brot mit einer Axt über den Kopf hauen muß, damit er es ihm vielleicht abtritt, was er doch braucht zu seines Lebens Notdurft, und der Bruder ringend mit dem Bruder um das Nötigste, wie soll da der Sinn für das Höhere nicht ersticken in des Menschen Brust?! Betrachten Sie doch einmal den Dienst am Nächsten einfach als Dienst am Kunden! Dann werden Sie das Neue Testament gleich verstehen und wie grundmodern das ist, auch heute noch. Service! Was heißt denn Service anders als Nächstenliebe? Das heißt, richtig verstanden! Meine Herren, ich höre immer, daß die armen Leute nicht genug Moral haben, und das ist auch so. Da unten in den Slums nistet die Unmoral selber und damit die Revolution.
Aber da frage ich Sie nur: Woher sollen sie denn

eine Moral haben, wenn sie sonst nichts haben? Ja, woher nehmen und nicht stehlen? Meine Herren, es gibt auch eine moralische Kaufkraft. Heben Sie die moralische Kaufkraft, dann haben Sie auch die Moral. Und ich meine mit Kaufkraft etwas ganz Einfaches und Natürliches, nämlich Geld, Lohn. Und das führt mich wieder zur Praxis: wenn ihr so fortfahrt, dann könnt ihr am End euer Fleisch selber fressen, denn die da draußen haben eben keine Kaufkraft.

DIE VIEHZÜCHTER *vorwurfsvoll:*
Da stehen wir mit Ochsen
Und niemand erwirbt sie.

JOHANNA: Aber ihr sitzet hier, ihr großmächtigen Herren, und glaubt, man kommt euch nicht auf eure Schliche, und wollt nichts wissen von all dem Elend draußen in der Welt. Aber da schaut sie nur an, die ihr so behandelt und zugerichtet habt, und die ihr nicht als eure Brüder anerkennen wollt, tretet nur vor, ihr Mühseligen und Beladenen, in das Licht des Tages. Schämet euch nicht.

Johanna zeigt den Börsenleuten die Armen, die sie mitgebracht hat.

MAULER *schreit:* Tut diese weg.

Er fällt in Ohnmacht.

STIMME *hinten:* Pierpont Mauler ist in Ohnmacht gefallen.

DIE ARMEN: Das ist der, der an allem schuld ist!

Die Packherren bemühen sich um Mauler.

DIE PACKHERREN: Wasser für Pierpont Mauler! Einen Arzt für Mauler!

JOHANNA:

Zeigtest du, Mauler, mir der Armen
Schlechtigkeit, so zeige ich dir
Der Armen Armut, denn von euch entfernt
Und damit entfernt von Gütern, unentbehrlichen
Leben, nicht sichtbar mehr, solche, die ihr
In solcher Armut haltet, so geschwächt und in so dringlicher
Abhängigkeit von unerreichbarer Speis und Wärm, daß sie
Gleichermaßen entfernt sein können von jedem Anspruch
Auf Höheres als gemeinste Freßgier, tierischste Gewöhnung.

Mauler kommt wieder zu sich.

MAULER: Sind sie noch da? Ich bitt euch, tut sie weg.

DIE PACKHERREN: Die Strohhüte? Sollen sie weg?

MAULER: Nein, die hinter ihnen.

SLIFT: Er macht die Augen nicht auf, bevor sie entfernt sind.

GRAHAM:

So, kannst du sie nicht sehen? Du bist es doch
Der sie so zugerichtet hat.
Wenn du die Augen zumachst, sind sie
Noch lang nicht weg.

MAULER:

Ich bitt euch, tut sie weg. Ich kauf!
Ihr alle, hört: Pierpont Mauler kauft!
Daß diese Arbeit haben und entfernt sind.

Was in acht Wochen ihr an Fleischbüchsen herstellt:
Ich kauf's.

Die Packherren: Er hat gekauft! Der Mauler hat gekauft!

Mauler: Zum Tagespreis!

Graham *hält ihn auf.* Und was auf Lager liegt?

Mauler *am Boden liegend:* Ich kauf's.

Graham: Zu fünfzig?

Mauler: Zu fünfzig!

Graham: Er hat gekauft! Ihr hört's, er hat gekauft!

Makler *rufen hinten durch Megaphone aus:* Pierpont Mauler stützt den Fleischmarkt. Laut Kontrakt übernimmt er zum heutigen Preis von fünfzig die gesamten Lagerbestände des Fleischrings, dazu übernimmt er die Produktion zweier Monate von heute ab, gleichfalls zu fünfzig. Der Fleischring liefert am fünfzehnten November an Pierpont Mauler mindestens achthunderttausend Zentner Konserven.

Mauler:
Doch jetzt, ich bitt euch, Freunde, tragt mich weg.

Mauler wird weggetragen.

Johanna:
Ja, lassen Sie sich jetzt nur hinaustragen!
Wir arbeiten da wie die Ackergäule unsre Missionsarbeit
Und ihr da oben macht solche Sachen!
Sie haben mir sagen lassen: ich soll nichts reden, ja
Was sind Sie denn
Daß Sie dem lieben Gott das Maul verbinden wollen? Du sollst

Nicht einmal dem Ochsen, der da drischet, das
Maul verbinden!

Aber ich red doch.

Zu den Armen

Am Montag habt ihr wieder Arbeit.

DIE ARMEN: Solche Leute sahen wir nie sonst. Eher schon solche wie die zwei, die bei ihm standen. Die sehn bei weitem schlimmer aus als er selber.

JOHANNA: Singet jetzt zum Abschied das Lied: Wann ermangelt je das Brot.

DIE SCHWARZEN STROHHÜTE *singen:*

Wann ermangelt je das Brot
Dem, der Gott sich hat verschrieben?
Ach, der leidet keine Not
Der in seinem Schoß geblieben.
Denn wie soll es dorthin schnei'n?
Und wie soll dort Hunger sein?

DIE AUFKÄUFER:

Der Mann ist krank im Kopf. Der Magen dieses
Landes
Hat sich überfressen an Fleisch aus Büchsen
und widersetzt sich.
Und der läßt Fleisch in Büchsen tun
Die niemand kauft. Streicht seinen Namen aus.

DIE VIEHZÜCHTER:

So, jetzt herauf die Preise, elende Schlächter!
Bevor ihr jetzt den Viehpreis nicht verdoppelt
Wird nicht ein Gramm geliefert, denn ihr braucht's.

DIE PACKHERREN:

Behaltet euren Dreck! Wir kaufen nicht.
Denn der Vertrag, den ihr schließen saht
Ist ein Papier. Der Mann, der ihn gemacht

War seines Sinns nicht mächtig. Keinen Cent
Treibt er von Frisco bis New York
Für solche Geschäfte auf.

Die Packherren ab.

JOHANNA: Wer sich aber wirklich interessiert für Gottes Wort und was er sagt, und nicht nur, was der Kurszettel sagt, und es muß ja auch hier einige geben, die anständig sind und ihr Geschäft gottesfürchtig betreiben, dagegen haben wir gar nichts, also der kann am Sonntag nachmittag unsre Gottesdienste besuchen in der Lincolnstraße um zwei Uhr, ab drei Uhr Musik, Eintritt frei.

SLIFT *zu den Viehzüchtern:*

Was Pierpont Mauler verspricht, hält er.
Nun atmet auf! Nun muß der Markt gesunden!
Ihr, die ihr gebt und die ihr nehmt das Brot
Der tote Punkt ist endlich überwunden!
Schon war Vertrauen, die Eintracht schon bedroht.
Ihr Arbeitgeber, Arbeitnehmer ihr
Ihr ziehet ein und ihr öffnet die Tür!
Vernünftiger Rat, vernünftig aufgenommen
Hat über Unvernunft die Oberhand bekommen.
Die Tore gehen auf! Der Schornstein raucht!
Ist's doch die Arbeit, die ihr beide braucht.

DIE VIEHZÜCHTER *stellen Johanna auf der Treppe:*

Euer Reden und Auftreten hat uns, den Viehzüchtern
Sehr großen Eindruck gemacht und manchen
Hier sehr tief erschüttert, denn auch wir
Leiden ganz schrecklich.

JOHANNA:

Wißt, auf den Mauler
Hab ich ein Aug, der ist erwacht, und ihr

Wenn ihr was braucht zu eurer Notdurft
So kommt mit mir, daß er auch euch aufhilft
Denn nunmehr soll er nicht mehr zur Ruhe kommen
Bis allen geholfen ist.
Denn der kann helfen und darum
Ihm nach.

Johanna und die Schwarzen Strohhüte ab, gefolgt von den Viehzüchtern.

6

DER GRILLENFANG

City
Das Haus des Maklers Sullivan Slift, ein kleines Haus mit zwei Eingängen

MAULER *im Innern der Hauses, spricht mit Slift:* Versperr die Tür, mach soviel Licht wie möglich, und jetzt, Slift, betracht dir mein Gesicht genau, ob wirklich jeder mir's ankennt.
SLIFT: Was ankennt?
MAULER: Nun, meinen Beruf.
SLIFT: Den Metzger? Warum, Mauler, fielst du um auf ihr Reden?
MAULER:
Was redete sie denn? Ich hab's
Nicht gehört, denn hinter ihr
Standen solche mit so schrecklichen Gesichtern
Des Elends, und zwar jenes Elends, das

Vor einem Zorn kommt, der uns alle wegfegt
Daß ich nichts weiter sah. Jetzt, Slift
Will ich dir meine wahre Ansicht sagen
Über unsre Geschäfte:
So ohne alles, nur mit Kauf und Verkauf
Mit kaltem Hautabziehn von Mensch zu Mensch
Kann es nicht gehn; es sind zu viele, die
Vor Jammer brüllen, und es werden mehr.
Was da in unsere blutigen Keller fällt, das
Ist nicht mehr zu vertrösten, die
Werden uns, wo sie uns fassen
Auf die Pflaster schlagen
Wie faulen Fisch. Wir alle hier, wir
Sterben nicht mehr im Bett. Bevor wir
So weit sind, wird man in Rudeln uns
An Mauern stellen und diese Welt säubern von uns und
Unserm Anhang.

SLIFT: Sie haben dich verwirrt! *Beiseite:* Ich will ihm ein halbrohes Beefsteak aufzwingen. Seine alte Schwäche hat ihn wieder gepackt. Vielleicht daß nach dem Genuß von rohem Fleisch seine Besinnung zurückkehrt.

Er geht und brät ihm auf einem Gaskocher ein Beefsteak.

MAULER:
Ich frag mich oft, warum
Rührt mich dies dumme, weltenferne Reden
Billig und flach Geplapper, einstudiert?
Weil es umsonst getan wird sicher und achtzehn
Stunden am Tag und
In Regen und Hunger.

SLIFT:
In solchen Städten, die von unten brennen
Und oben schon gefrieren, reden immer
Noch einige von dem und jenem, das
Nicht ganz in Ordnung ist.

MAULER:
Aber was reden sie? Wenn ich in diesen unaufhörlich
Brennenden Städten und in dem Sturz der
Von oben nach unten durch Jahre
Ohn Unterlaß zur Hölle fließenden
Brüllenden Menschheit solch eine Stimm hör
Die töricht wohl, doch ganz untierisch ist
Ist's mir, als schlüg mich einer mit dem Stock
Ins Rückgrat wie einen schnellenden Fisch.
Doch ist auch das bisher nur Ausflucht, Slift, denn
Was ich fürcht, ist anderes als Gott.

SLIFT:
Was dann ist's?

MAULER:
Nicht das, was über, das
Was unter mir! Was auf dem Schlachthof steht und nicht
Die Nacht durchstehen kann und doch am Morgen
Aufsteigen wird, ich weiß es.

SLIFT: Willst du nicht ein Stück Fleisch essen, lieber Pierpont? Bedenk, jetzt kannst du's wieder mit gutem Gewissen, denn du hast nichts mit Rindermord zu tun seit heut.

MAULER:
Meinst du, ich soll's? Vielleicht könnt ich's.
Jetzt müßt ich's wieder können, nicht?

SLIFT: Iß was und überleg dir deine Lage, die nicht

sehr gut ist. Weißt du auch, daß du heut alles aufgekauft hast, was in Blechdosen steckt?
Ich seh dich, Mauler, verstrickt in die Betrachtung deiner großen Natur, erlaube, daß ich dir schlicht die Lage, die ganz äußerliche, unwichtige, entwickle.

Zunächst hast du dem Fleischring dreihunderttausend Zentner Lager abgenommen. Die hast du in den nächsten Wochen auf dem Markt unterzubringen, der heute schon keine Büchse mehr schlucken kann. Du hast fünfzig dafür bezahlt, der Preis wird aber mindestens bis dreißig heruntergehn. Am fünfzehnten November, wenn der Preis auf dreißig oder auf fünfundzwanzig steht, liefert dir der Fleischring für fünfzig achthunderttausend Zentner.

MAULER:
Slift, ich bin verloren!
Ich bin ja aus. Ich hab ja Fleisch gekauft!
O Slift, was hab ich da gemacht!
Slift, ich hab mir aufgeladen das ganze Fleisch der Welt.
Gleich einem Atlas stolpere ich, auf den Schultern
Die Zentnerlast von Blechbüchsen, gradenwegs
Unter die Brückenbögen. Noch heute früh
Waren viele fällig, und ich
Ging hin, sie fallen zu sehen und auszulachen
Und ihnen zu sagen, daß es keinen mehr gäb, der so
Ein Narr wär, daß er Fleisch in Büchsen kauft.
Und als ich dort steh, höre ich mich sagen:
Ich kaufe alles.
Slift, ich hab Fleisch gekauft, ich bin verloren.

SLIFT: Was schreiben dir denn deine Freunde aus New York?

MAULER: Ich soll Fleisch kaufen.
SLIFT: Was sollst du?
MAULER: Fleisch kaufen.
SLIFT: Warum jammerst du dann, daß du Fleisch gekauft hast?
MAULER: Ja, die schreiben, ich soll Fleisch kaufen.
SLIFT: Du hast ja Fleisch gekauft.
MAULER:

Ja richtig, ich hab Fleisch gekauft, doch kauft ich's
Nicht wegen diesem Brief mit dieser Nachricht
(Die doch ganz falsch ist, Theorie vom grünen
Tisch), aus niedern Gründen nicht, sondern
Weil die Person mich so erschüttert hat, ich kann schwören
Daß ich den Brief, ich kriegt ihn erst heut früh, kaum durchflog.
Da ist er: „Lieber Pierpont!"

SLIFT *liest weiter:* „Heute können wir Dir mitteilen, daß unser Geld Früchte zu tragen beginnt: viele in der Kammer werden gegen die Zölle stimmen, so daß es geraten scheint, Fleisch zu kaufen, lieber Pierpont. Morgen werden wir Dir wieder schreiben."
MAULER:

Daß so bestochen wird mit Geld, das
Sollt auch nicht sein. Wie leicht gibt's Krieg
Aus solchem Anlaß, und um schmutziges Geld
Verbluten Tausende. Ach, lieber Slift, mir ist
Als käme aus solcherlei Nachricht nichts Gutes.

SLIFT:

's käm darauf an, wer die Briefschreiber sind.
Bestechen, Zölle aufheben, Kriege machen kann
Nicht jeder Hergelaufene. Sind's gute Leute?

MAULER: Solvente Leute.
SLIFT: Wer denn?

Mauler lächelt.

SLIFT:
Dann könnten ja die Preise doch noch steigen?
Wir kämen dann mit einem blauen Aug davon.
Das wär ein Ausblick, wenn nicht das viele Fleisch
Der Farmer wär, das allzu gierig angeboten
Die Preise wieder stürzen läßt. Nein, Mauler
Ich versteh den Brief nicht.
MAULER:
Stell dir das so vor: einer hat gestohlen
Und wird von einem abgefaßt.
Wenn er nun den nicht auch noch niederschlägt
Ist er verloren, tut er's, ist er durch.
Der Brief (der falsch ist) verlangt (damit er richtig wird)
Solch eine Untat.
SLIFT: Welche Untat?
MAULER:
Wie ich sie nie tun kann. Denn von nun an
Will ich in Frieden leben. Mögen sie gewinnen
An ihrer Untat, denn sie werden gewinnen
Sie müßten nur Fleisch kaufen, wo sie's kriegen
Den Viehzüchtern einschärfen, daß zuviel
Fleisch da ist und hinweisen auf
Die Stillegung des Lennox und ihnen
Ihr Fleisch abnehmen. Dies vor allem:
Den Viehzüchtern ihr Fleisch abnehmen, freilich dann
Sind wieder die betrogen, nein, ich will nichts
Damit zu schaffen haben.

SLIFT:

Du hättest nicht Fleisch kaufen sollen, Pierpont!

MAULER:

Ja, das ist nicht gut, Slift.
Ich kauf mir keinen Hut mehr, keinen Stiefel
Vor ich aus dieser Sach heraus bin, und bin selig
Wenn ich aus dieser Sach mit hundert Dollar
herauskomm.

Trommeln. Johanna tritt auf mit den Viehzüchtern.

JOHANNA: Wir wollen ihn aus seinem Bau herauslokken, wie man Grillen fängt. Stellt euch hier drüben auf, denn wenn er mich hier singen hört, wird er auf der anderen Seite weggehen wollen, damit er mir nicht mehr begegnen muß, denn mich sieht er nicht gern. *Sie lacht:* Und auch nicht die, die bei mir sind.

Die Viehzüchter stellen sich vor der Tür rechts auf.

JOHANNA *vor der Tür links:* Kommen Sie heraus, Herr Mauler, ich muß mit Ihnen über das Elend der Viehzüchter von Illinois sprechen. Auch sind bei mir einige Arbeiter, die Sie fragen wollen, wann Sie Ihre Fabrik wieder aufmachen.

MAULER: Slift, wo ist der andere Ausgang, denn ich will ihr nicht mehr begegnen, und vor allem nicht denen, die bei ihr sind. Auch mach ich jetzt keine Fabrik auf.

SLIFT: Komm hier heraus.

Sie gehen im Innern zur Tür rechts.

DIE VIEHZÜCHTER *vor der Tür rechts:* Komm heraus,

Mauler, du bist schuld an unserm Unglück, und wir sind mehr als zehntausend Viehzüchter in Illinois, die nicht mehr aus noch ein wissen. Kauf uns also unser Vieh ab.

MAULER:

Die Tür zu, Slift! Ich kauf nicht.
Soll ich, der ich das Fleisch der ganzen Welt
Soweit's in Büchsen steckt, schon am Genick hab
Auch noch das ganze Vieh des Sirius kaufen?
Das ist, als käm zum Atlas, der die Welt
Grad noch, kaum mehr derschleppt, einer und sagte:
Der Saturn brauchte noch einen Packträger.
Wer soll's denn mir abkaufen, das Vieh?

SLIFT: Höchstens die Grahams, die brauchen Vieh!

JOHANNA *vor der Tür links:* Wir wollen nicht von hier weggehen, bis den Viehzüchtern auch geholfen ist.

MAULER: Höchstens die Grahams, ja, die brauchen Vieh. Slift, geh hinaus und sag ihnen, sie sollen mich zwei Minuten nachdenken lassen.

Slift geht hinaus.

SLIFT *zu den Viehzüchtern:* Pierpont Mauler will euer Anliegen prüfen. Er bittet um zwei Minuten Bedenkzeit.

Slift kommt zurück ins Haus.

MAULER: Ich kauf nicht. *Er fängt an zu rechnen:* Slift, ich kauf. Slift, bring mir alles, was einem Schwein oder einem Ochsen ähnlich sieht, ich kaufe, oder was nach Schmalz riecht, das kaufe ich, jeden Fettfleck bring, ich bin der Käufer, und zwar zum Preise dieses Tages, zu fünfzig.

SLIFT:

Keinen Hut, Mauler, kaufst du mehr, aber
Das ganze Vieh von Illinois.

MAULER:

Ja, das kauf ich mir noch. Jetzt ist's entschieden, Slift.
Nimm a an.

Er zeichnet ein a auf einen Schrank.

's tut einer etwas Falsches, a ist falsch
Weil sein Gefühl ihn übermannt hat, tat er's
Und jetzt tut er noch b, und b ist auch falsch
Und jetzt ist a und b zusammen richtig.
Laß die Viehzüchter ein, es sind gute Leute
Schwer darbend und anständig gekleidet und nicht
Daß man erschrickt, wenn man sie sieht.

SLIFT *tritt vor das Haus, zu den Viehzüchtern:* Um Illinois zu retten und den Untergang der Farmer und Viehzüchter abzuwenden, hat sich Pierpont Mauler entschlossen, alles Vieh aufzukaufen, das auf dem Markt steht. Aber die Kontrakte sollen nicht auf seinen Namen laufen, denn sein Name darf nicht genannt werden.

DIE VIEHZÜCHTER: Es lebe Pierpont Mauler, der den Viehhandel rettet!

Sie gehen ins Haus.

JOHANNA *ruft ihnen nach:* Sagen Sie dem Herrn Mauler, daß wir, die Schwarzen Strohhüte, ihm im Namen Gottes dafür danken. *Zu den Arbeitern:* Wenn die Vieh kaufen und die Vieh verkaufen befriedigt sind, dann wird es auch für euch wieder Brot geben.

7

AUSTREIBUNG DER HÄNDLER AUS DEM TEMPEL

Haus der Schwarzen Strohhüte

Die Schwarzen Strohhüte sitzen an einem langen Tisch und zählen aus ihren Blechbüchsen die Scherflein der Witwen und Waisen, die sie gesammelt haben.

DIE SCHWARZEN STROHHÜTE *singen:*
Sammelt mit Singen die Pfennige der Witwen und Waisen!
Groß ist die Not!
Haben nicht Obdach noch Brot
Doch der allmächtige Gott
Wird auch sie irgendwie speisen.

PAULUS SNYDER, MAJOR DER SCHWARZEN STROHHÜTE *erhebt sich:* Wenig, wenig! *Zu einigen Armen im Hintergrund, darunter Frau Luckerniddle und Gloomb:* Seid ihr heute schon wieder da! Ihr kommt ja gar nicht mehr hier heraus. Jetzt wird doch auf den Schlachthöfen wieder gearbeitet!

FRAU LUCKERNIDDLE: Wo denn? Die Schlachthöfe sind geschlossen.

GLOOMB: Erst hieß es, sie werden aufgemacht, aber sie sind nicht wieder aufgemacht worden.

SNYDER: Geht mir nicht zu nahe an die Kasse.

Er winkt sie noch weiter nach hinten. Mulberry, der Hauswirt, tritt ein.

MULBERRY: Was ist eigentlich mit meiner Miete?

SNYDER: Meine lieben Schwarzen Strohhüte, lieber Herr Mulberry, meine sehr geehrten Zuhörer! Was nun die leidige Frage der Geldbeschaffung betrifft – gut Ding spricht für sich selbst, und vor allem braucht's Propaganda –, so haben wir uns bisher an die Armen und Ärmsten gewendet, da wir von dem Gedanken ausgingen, daß die am ehesten etwas für Gott übrig haben, die seine Hilfe am nötigsten hätten, und daß die Masse es macht. Leider haben wir erleben müssen, daß gerade diese Schichten eine ganz unerklärliche Zugeknöpftheit Gott gegenüber an den Tag legen. Es mag dies aber auch daran liegen, daß sie nichts haben. Deshalb habe ich, Paulus Snyder, jetzt in eurem Namen die Reichen und Wohlhabenden Chicagos eingeladen, damit sie uns dazu verhelfen, am nächsten Samstag einen Hauptschlag zu führen gegen den Unglauben und den Materialismus der Stadt Chicago, vor allem gegen die untersten Schichten. Von diesem Geld werden wir auch unserem lieben Hauswirt, Herrn Mulberry, die so liebenswürdig gestundete Miete zahlen.

MULBERRY: Es wäre mir allerdings angenehm, aber machen Sie sich nur deswegen keine Sorgen.

Mulberry ab.

SNYDER: So, und jetzt geht alle fröhlich an eure Arbeit und reinigt vor allem den Treppenaufgang.

Die Schwarzen Strohhüte ab.

SNYDER *zu den Armen:* Sagt mir, stehen die Ausgesperrten immer noch geduldig auf den Schlachthöfen oder reden sie jetzt schon wie Aufsässige?

FRAU LUCKERNIDDLE: Seit gestern machen sie ein großes Geschrei, weil sie wissen, daß die Fabriken Aufträge haben.

GLOOMB: Viele sagen schon, ohne Gewalt wird es bald überhaupt keine Arbeit mehr geben.

SNYDER *zu sich:* Das ist günstig. Wenn die Steinwürfe sie hierher jagen, werden die Fleischkönige lieber kommen und uns anhören. *Zu den Armen:* Könnt ihr nicht wenigstens unser Holz hacken?

DIE ARMEN: Es ist kein Holz mehr da, Herr Major.

Auftreten der Packherren Cridle, Graham, Meyers und des Maklers Slift.

MEYERS: Graham, das frag ich mich, wo steckt das Vieh?

GRAHAM: Ich frag's mich auch, wo steckt das Vieh?

SLIFT: Ich auch.

GRAHAM: So, du auch? Und Mauler fragt sich wohl auch, was?

SLIFT: Mauler wohl auch.

MEYERS:

's ist eine Sau da, die da alles aufkauft.
Und die gut weiß, daß wir verpflichtet sind
Kontraktlich abzuliefern Fleisch in Büchsen
Und also Vieh brauchen.

SLIFT: Wer mag das sein?

GRAHAM *boxt ihn in die Magengrube:*

Du alter Dreckhund!
Mach uns da nichts vor und sag dem Pierpy, daß er
Da nichts macht! Das ist der Lebensnerv!

SLIFT *zu Snyder:* Was wollt ihr von uns?

GRAHAM *boxt ihn wieder:* Was werden sie wohl wollen, Slift?

Slift macht übertrieben pfiffig die Geste des Geldgebens.

GRAHAM: Getroffen, Slift!
MEYERS *zu Snyder:* Schießen Sie los!

Sie setzen sich auf die Bußbänke.

SNYDER *am Rednerpult:* Wir Schwarzen Strohhüte haben gehört, daß auf den Schlachthöfen fünfzigtausend stehen und keine Arbeit haben. Und daß einige schon murren und sagen: Wir müssen uns selber helfen. Werden nicht schon eure Namen genannt als diejenigen, welche schuld sind, daß fünfzigtausend keine Arbeit haben und vor den Fabriken stehen? Sie werden euch noch die Fabriken wegnehmen und sagen: Wir wollen es wie die Bolschewiken machen und die Fabriken in unsere Hand nehmen, daß jeder arbeiten kann und sein Essen habe. Denn es hat sich herumgesprochen, daß das Unglück nicht entsteht wie der Regen, sondern von etlichen gemacht wird, welche ihren Vorteil davon haben. Wir Schwarzen Strohhüte aber wollen ihnen sagen, daß das Unglück wie der Regen kommt, niemand weiß woher, und daß das Leiden ihnen bestimmt ist und ein Lohn dafür winkt.
DIE DREI PACKHERREN: Wozu von Lohn reden?
SNYDER: Der Lohn, von dem wir reden, wird nach dem Tode bezahlt.
DIE DREI PACKHERREN: Wieviel verlangt ihr dafür?
SNYDER: Achthundert Dollar im Monat, denn wir brauchen warme Suppen und laute Musik. Wir wollen ihnen auch versprechen, daß die Reichen bestraft werden, und zwar wenn sie gestorben sind.

Die drei lachen schallend.

SNYDER: Und das alles für nur achthundert Dollar im Monat!

GRAHAM: Brauchen Sie doch gar nicht, Mann. Fünfhundert Dollar!

SNYDER: Es geht auch mit siebenhundertfünfzig, aber dann ...

MEYERS: Siebenhundertfünfzig. Das eher. Also sagen wir fünfhundert.

GRAHAM: Fünfhundert braucht ihr unbedingt. *Zu den anderen:* Das müssen sie haben.

MEYERS *vorn:* Gesteh es ein, Slift, ihr habt das Vieh.

SLIFT: Mauler und ich haben nicht für einen Cent Vieh gekauft, so wahr ich hier sitze. Gott kann es bezeugen.

MEYERS *zu Snyder:* Fünfhundert Dollar? Viel Geld. Wer soll denn das zahlen?

SLIFT: Ja, da müßten Sie jetzt also jemand finden, der Ihnen das gibt.

SNYDER: Ja, ja.

MEYERS: Das wird nicht leicht sein.

GRAHAM: Gesteh's, Pierpy hat das Vieh.

SLIFT *lacht:* Lauter Lumpen, Herr Snyder.

Alle lachen, außer Snyder.

GRAHAM *zu Meyers:* Der Mann hat keinen Humor. Gefällt mir nicht.

SLIFT: Die Hauptsache, wo stehen Sie, Mann? Diesseits oder jenseits der Barrikade?

SNYDER: Die Schwarzen Strohhüte stehen über dem Kampf, Herr Slift. Also diesseits.

Auftritt Johanna.

SLIFT: Da ist unsere heilige Johanna von der Viehbörse!

DIE DREI PACKHERREN *zu Johanna, brüllend:* Mit Ihnen sind wir nicht zufrieden, Sie, können Sie nicht dem Mauler etwas von uns ausrichten! Da sollen Sie doch Einfluß haben. Es heißt, der frißt Ihnen aus der Hand. Das Vieh ist nämlich so vom Markt gezogen, daß wir ein Aug auf Mauler haben müssen. Sie können ihn rumkriegen, heißt es, zu was Sie wollen. Er soll das Vieh herausrücken. Sie, wenn Sie's tun für uns, wollen wir den Schwarzen Strohhüten vier Jahre lang die Miete zahlen.

JOHANNA *hat die Armen gesehen und ist erschrocken:* Was macht denn ihr hier?

FRAU LUCKERNIDDLE *tritt vor:*

Gegessen sind die zwanzig Mittagessen.
Fall nicht in Zorn, daß du mich wieder hier siehst.
Von meinem Anblick gern befreit ich dich.
Das ist die Grausamkeit des Hungers, daß er
Wenngleich befriedigt, immer wieder kommt.

GLOOMB *tritt vor:*

Ich kenne dich, dir hab ich zugeredet
Zur Arbeit an demselben Messer, das
Mir meinen Arm wegriß. Heut tät ich Schlimmeres.

JOHANNA: Warum arbeitet ihr nicht? Ich habe euch doch Arbeit verschafft.

FRAU LUCKERNIDDLE: Wo denn, die Schlachthöfe sind geschlossen.

GLOOMB: Erst hieß es, sie werden aufgemacht, aber sie sind nicht wieder aufgemacht worden.

JOHANNA *zu den Packherren:*

So warten die immer noch?

Die Packherren schweigen.

Und ich dachte, sie seien aufgehoben?
Seit sieben Tagen fällt jetzt Schnee auf sie
Und dieser selbe Schnee, der sie umbringt, entzieht
Sie jedem menschlichen Aug. Daß ich so leicht
Vergessen hab, was jeder gern vergißt und ist gleich
ruhig.
Wenn einer sagt, 's ist rum, forscht keiner nach.

Zu den Packherren

Der Mauler hat doch von euch Fleisch gekauft?
Auf meine
Fürbitt tat er's! Und jetzt macht ihr eure Fabriken
immer
Noch nicht auf?

DIE DREI PACKHERREN: Ganz recht, wir wollten aufmachen.

SLIFT: Aber erst wolltet ihr noch dem Farmer an die Gurgel gehn!

DIE DREI PACKHERREN: Wie sollen wir schlachten, wenn kein Vieh da ist?

SLIFT: Der Mauler und ich haben bei euch Fleisch gekauft, voraussetzend, daß ihr die Arbeit aufnehmt und so der Arbeiter Fleisch kaufen kann. Wer soll jetzt das Fleisch, das wir euch abnahmen, essen, für wen haben wir denn Fleisch gekauft, wenn die Esser nicht bezahlen können?

JOHANNA: Wenn ihr schon das ganze Handwerkszeug in der Hand habt von den Leuten in euren großmächtigen Fabriken und Anlagen, dann müßt ihr sie wenigstens heranlassen, sonst sind sie ja ganz aufgeschmissen, denn es ist ja doch so eine Art Ausbeutung dabei, und wenn dann die arme bis aufs Blut gepeinigte Menschenkreatur sich nicht anders zu helfen weiß, als einen Prügel nehmen und ihn seinem Peiniger auf den Kopf hauen, dann macht ihr in die Hosen, ich hab's schon bemerkt, und dann wär die Religion wieder recht und soll Öl auf die Wogen gießen, aber da ist sich der liebe Gott doch zu gut, als daß er euch dann den Gehherda macht und euch euren Saustall wieder ausmistet. Ich lauf von Pontius zu Pilatus und mein: wenn ich euch da oben helf, dann ist denen unter euch auch geholfen. Da ist so eine Art Einheit und wird am gleichen Strang gezogen, aber da war ich schön dumm. Wer denen, die da arm sind, helfen will, der muß ihnen, scheint's, von euch helfen. Habt ihr denn gar keine Ehrfurcht mehr vor dem, was Menschenantlitz trägt? Da könnt es passieren, daß man euch auch nicht mehr als Menschen ansieht, sondern als wilde Tiere, die man einfach erschlagen muß im Interesse der öffentlichen Ordnung und Sicherheit! Und ihr traut euch noch in Gottes Haus zu kommen, nur weil ihr diesen schmutzigen Mammon habt, man weiß schon woher und wodurch, der ist ja nicht ehrlich erworben. Aber da seid ihr bei Gott an den Falschen gekommen, euch muß man einfach hinausjagen, mit einem Stekken muß man euch hinausjagen. Ja, schaut nur nicht so dumm, mit Menschen soll man nicht umgehen wie mit Ochsen, aber ihr seid keine Menschen, hinaus mit euch und schnell, sonst vergreif ich mich noch an euch, haltet mich nicht, ich weiß schon, was ich tu, ich hab's zulang nicht gewußt.

Johanna treibt sie mit einer umgekehrten Fahne, die sie als Stecken benützt, aus. In den Türen tauchen die Schwarzen Strohhüte auf.

JOHANNA: Hinaus! Wollt ihr Gottes Haus zu einem Stall machen? Und zur zweiten Viehbörse? Hinaus! Ihr habt hier nichts zu suchen. Solche Gesichter wollen wir hier nicht sehen. Ihr seid unwürdig und ich weise euch aus. Trotz eurem Geld!

DIE DREI PACKHERREN: Auch gut. Aber mit uns gehn hier hinaus unwiderruflich schlicht und bescheiden vierzig Monatsmieten. Wir brauchen sowieso jeden Pfennig, wir gehen Zeiten entgegen, wie sie furchtbarer der Viehmarkt nie gesehen hat.

Die Packherren und Makler Slift ab.

SNYDER *läuft ihnen nach:* Bleiben Sie da, meine Herren, gehen Sie nicht fort, sie hat gar keine Vollmacht! Ein verwirrtes Frauenzimmer! Sie wird entlassen! Sie wird Ihnen alles besorgen, was Sie wollen.

JOHANNA *zu den Schwarzen Strohhüten:* Das ist jetzt sicher recht ungeschickt wegen der Miete. Aber da kann man nicht drauf schauen. *Zu Luckerniddle und Gloomb:* Setzt euch da hinter, ich werd euch eine Suppe bringen.

SNYDER *zurückgekehrt:*

Lad dir die Armen zu Gast und bewirte
Sie nur mit Regenwasser und schönem Gerede
Wo doch im Himmel für sie nicht Erbarmen
Sondern nur Schnee ist!
Ohne alle Demut bist du
Dem nächsten Trieb gefolgt! Wie leichter ist's

Einfach auszuweisen den Unreinen hochmütig.
Heikel bist du mit dem Brot, das wir essen müssen.
Allzu neugierig, wie's gemacht wird, und willst doch
Selber auch noch essen! Jetzt geh, du Überirdische
Hinaus in den Regen und bleib rechthaberisch im
Schneetreiben!

JOHANNA: Heißt das, daß ich meinen Uniformrock ausziehen soll?

SNYDER: Ziehen Sie Ihren Uniformrock aus und pakken Sie Ihren Koffer! Verlassen Sie dieses Haus und nehmen Sie das Gesindel mit, das Sie uns hereingezogen haben. Denn nur Gesindel und Abschaum ist hinter Ihnen hergelaufen. Sie werden nun selber zu ihm gehören. Holen Sie Ihre Sachen.

Johanna geht und kommt mit einem kleinen Koffer, gekleidet wie ein Landdienstmädchen, zurück.

JOHANNA:
Ich will zum reichen Mauler gehn, der nicht
Ohne Furcht und guten Willens ist
Daß der uns hilft. Nicht eher will ich
Wieder anziehen diesen Rock und schwarzen
Strohhut
Auch nicht zurückkehren eher in dieses liebe Haus
Der Gesänge und Erweckungen, vor ich
Den reichen Mauler mitbring als einen
Von uns, bekehrt von Grund auf.
Mag auch ihr Geld wie ein Krebsgeschwür
Abgefressen haben Ohr und menschliches Antlitz
Daß sie abgetrennt sitzen, aber erhoben
Unerreichbar jedem Hilfeschrei!

Arme Krüppel!
E i n Gerechter muß doch unter ihnen sein!
Ab.

SNYDER:
Arme Unwissende!
Was du nicht siehst: aufgebaut
In riesigen Kadern stehn sich gegenüber
Arbeitgeber und Arbeitnehmer
Kämpfende Fronten: unversöhnlich.
Laufe herum zwischen ihnen, Versöhnlerin und Vermittlerin
Nütze keiner und gehe zugrund.

MULBERRY *herein:* Habt ihr das Geld jetzt?

SNYDER: Gott wird sein gewiß kärgliches Obdach, das er auf Erden gefunden hat, ich sage kärglich, Herr Mulberry, auch noch bezahlen können.

MULBERRY: Ja, bezahlen, ganz richtig, darum handelt es sich! Sie sprechen das richtige Wort aus, Snyder! Wenn der liebe Gott bezahlt, gut. Aber wenn er nicht bezahlt, nicht gut. Wenn der liebe Gott seine Miete nicht bezahlt, muß er ausziehn, und zwar am Samstagabend, Snyder, nicht wahr? *Ab.*

8

PIERPONT MAULERS REDE ÜBER DIE UNENTBEHRLICHKEIT DES KAPITALISMUS UND DER RELIGION

Maulers Kontor

MAULER:

Jetzt, Slift, kommt der Tag
Wo unser guter Graham und auch alle, die
Mit ihm den billigsten Viehpreis abwarten wollten
Das Fleisch einkaufen müssen, das sie uns
Schulden.

SLIFT:

Sie werden teurer kaufen, denn das
Was heut an Vieh am Markt Chicagos brüllt
Ist unser Vieh.
Und jedes Schwein, das sie uns schulden, müssen sie
Bei uns einkaufen, und da ist es teuer.

MAULER:

Und jetzt laß los alle deine Aufkäufer, Slift!
Auf daß sie die Viehbörse peinigen mit ihren Fragen
Nach allem, was einem Rind und einem Schwein
Nur irgend ähnlich sieht, damit der Preis steigt.

SLIFT:

Was Neues von deiner Johanna? An der Viehbörse
Geht ein Gerücht, du hast mit ihr geschlafen.
Ich trat ihm entgegen. Seit sie uns alle
Aus dem Tempel herauswarf, hört man nichts mehr von ihr
Als hätt das schwarze brüllende Chicago sie eingeschluckt.

MAULER:
Das hat mir sehr gefallen von ihr, daß sie
Euch einfach hinauswarf. Ja, die fürchtet sich vor nichts
Und wenn ich auch dabei gewesen wäre
Hätt sie mich auch hinausgeworfen, und das
Lieb ich an ihr und lieb's an diesem Haus
Daß solche dort wie ich nicht möglich sind.
Slift, treib den Preis auf achtzig, dann sind diese Grahams
So ungefähr wie ein Schlamm, in den wir unsern Fuß
Nur um die Form mal wieder zu sehen, eindrücken.
Ich will kein Quentchen Fleisch herauslassen, damit ich
Ihnen diesmal die Haut endgültig abzieh
Wie's mir Natur ist.

SLIFT:
Ich freu mich, Mauler, daß du wieder
Der letzten Tage Schwäche abgelegt. Und jetzt
Geh ich zusehen, wie sie Vieh einkaufen.

Slift ab.

MAULER:
Man müßte jetzt dieser verdammten Stadt
Endlich die Haut abziehn und diesen Burschen
Das Fleischgeschäft erklären. Sollen sie
„Untat" schreien.

Johanna tritt mit einem Koffer ein.

JOHANNA: Guten Tag, Herr Mauler. Es ist schwer, Sie zu erreichen. Ich stelle meine Sachen einstweilen dorthin. Ich bin jetzt nämlich nicht mehr bei den Schwarzen Strohhüten. Es hat Unstimmigkeiten gegeben. Und da dachte ich: ich geh einmal nach dem Herrn Mauler sehn. Jetzt, wo ich die aufreibende Missionsarbeit nicht mehr habe, kann ich mehr auf den einzelnen Menschen eingehen. Und da werde ich mich jetzt mit Ihnen ein wenig befassen, das heißt, wenn Sie's erlauben. Wissen Sie, das hab ich schon gemerkt, daß Sie zugänglicher sind, mehr als mancher andere. Das ist ein gutes altes Roßhaarsofa, das Sie da haben, aber warum haben Sie denn da ein Leintuch drauf, und ordentlich zusammengelegt ist's auch nicht. Ja, schlafen Sie denn auch da in Ihrem Kontor? Ich hab gedacht, Sie müsen doch einen von den großen Palästen haben. *Mauler schweigt.* Aber das ist richtig von Ihnen, Herr Mauler, daß Sie auch im Kleinen haushälterisch sind als Fleischkönig. Ich weiß nicht, wenn ich Sie seh, dann fällt mir immer die Geschichte vom lieben Gott ein, wie der zum Adam kommt im Paradiesgarten und rufet: „Adam, wo bist du?" Wissen Sie noch? *Lacht.* Adam steht gerad wieder hinter einem Gesträuch und hat die Hände sozusagen wieder bis über die Ellenbogen in einer Hirschkuh, und so voll Blut hört er die Stimme Gottes. Und da tut er wirklich, als ob er nicht da wäre. Aber der liebe Gott läßt nicht locker und geht der Sache nach und rufet noch einmal: „Adam, wo bist du?" Und da sagt der Adam ganz kleinlaut und feuerrot im Gesicht: „Jetzt kommst du, gerad jetzt, wo ich das Hirschle getötet hab. Sag nur nichts, ich weiß schon, ich hätt's nicht tun sollen." Aber Ihr Gewissen ist ja hoffentlich gerade frei, Herr Mauler.

MAULER: Sie sind also nicht mehr bei den Schwarzen Strohhüten?

JOHANNA: Nein, Herr Mauler. Und ich gehör auch nicht mehr hin.

MAULER: Wovon haben Sie denn dann gelebt?

Johanna schweigt.

MAULER: Also von nichts. Wie lange sind Sie denn nicht mehr bei den Schwarzen Strohhüten?

JOHANNA: Acht Tage.

MAULER *weint hinten:*

So sehr verändert, und acht Tage nur!
Wo war sie? Mit wem sprach sie? Wovon
Sind dies die Spuren um den Mund?
Die Stadt
Aus der die kommt, kenne ich noch nicht.

Er bringt auf einem Brett Essen.

Ich seh dich sehr verändert, hier wär Essen.
Ich eß es nicht.

Johanna sieht das Essen an.

JOHANNA: Herr Mauler, nachdem wir die reichen Leute aus unserem Haus getrieben haben ...

MAULER: ... was mir viel Spaß gemacht hat und recht schien ...

JOHANNA: ... hat der Hausbesitzer, der vom Mietzins lebt, uns für nächsten Sonntag gekündigt.

MAULER: So, und den Schwarzen Strohhüten geht es jetzt schlecht wirtschaftlich?

JOHANNA: Ja, und darum dachte ich, ich gehe einmal zu dem Herrn Mauler.

Sie beginnt gierig zu essen.

MAULER: Beunruhige dich nicht. Ich will auf den Markt gehen und euch das Geld beschaffen, das ihr braucht. Ich tu auch das noch, ja, ich will's herschaffen, was es kostet, und müßt ich's aus der Haut dieser Stadt selber schneiden. Ich tu's für euch. Natürlich ist Geld teuer, aber ich schaff's her. Das wird euch recht sein.

JOHANNA: Ja, Herr Mauler.

MAULER: Geh also hin und sag ihnen, das Geld kommt, bis Samstag ist es da. Der Mauler schafft's her. Eben jetzt ging er auf den Viehmarkt, es herzuschaffen. Es ging ungünstig und nicht ganz wie gewollt mit der Sache der Fünfzigtausend. Ich konnte ihnen nicht gleich Arbeit schaffen. Dich aber nehm ich aus, und deine Schwarzen Strohhüte sollen verschont werden, das Geld, das schaff ich für euch. Lauf und sag's ihnen.

JOHANNA: Ja, Herr Mauler!

MAULER:

Da hab ich's aufgeschrieben. Nimm's.
Auch mir ist's leid, daß sie auf Arbeit warten
Auf den Schlachthöfen und keine gute Arbeit.
Fünfzigtausend, die
Auf den Höfen stehen und auch nachts nicht mehr
weggehen!

Johanna hört auf zu essen.

Aber dies ist ein Geschäft, bei dem's
Um Sein und Nichtsein geht, darum: ob ich
In meiner Klasse der beste Mann bin oder
Selber den dunklen Weg zum Schlachthof geh.
Auch füllt der Abschaum schon wieder die Höfe und
Macht Schwierigkeiten.

Und jetzt, ich sag's, wie's ist, ich hätte gern
Von dir gehört, daß recht ist, was ich tu
Und mein Geschäft natürlich: also
Bestätige mir, daß ich nach deinem Rat
Beim Fleischring Fleisch bestellte und bei
Den Viehzüchtern auch, so Gutes tuend, und
Da ich wohl weiß, daß ihr arm seid und eben
Jetzt man das Dach wegschaffen will über euren
Köpfen
Will ich euch auch dafür etwas zugeben: zum Beweis
Meiner guten Gesinnung.

JOHANNA: Also die Arbeiter warten immer noch vor den Schlachthäusern?

MAULER:

Warum bist du gegen Geld? Und siehst
Wenn du keins hast, so sehr verändert aus?
Was denkst du über Geld? Sag mir's, ich
Will's wissen, und denk nicht Falsches
Nicht wie ein Dummkopf über Geld denkt als
Etwas Zweifelhaftes. Bedenk die Wirklichkeit und
Platte Wahrheit, vielleicht nicht angenehm, aber
doch
Eben wahr, daß alles schwankend ist und
preisgegeben
Dem Zufall beinah, der Witterung das menschliche
Geschlecht
Geld aber ein Mittel, einiges zu verbessern, und sei's
Für einige nur, außerdem: dieser Aufbau!
Seit Menschengedenken errichtet, wenn auch immer
aufs neu
Weil immer verfallend, doch ungeheuer, wenn auch
Opfer fordernd

Sehr schwierig herzustellen, immerfort und mit
Gestöhn
Immerfort hergestellt, aber doch unvermeidlich
Abpressend der Ungunst des Planeten das Mögliche,
wie immer
Dies sei, viel oder wenig, und also alle Zeit
Von den Besten verteidigt. Denn sieh, wenn ich
Der viel dagegen hat und schlecht schläft, auch
Davon abgehn wollt, das wär, als wenn eine
Mücke davon abläßt, einen Bergrutsch aufzuhalten.
Ich würd
Ein Nichts im selben Augenblick und über mich weg
ging's weiter.
Denn sonst müßt alles umgestürzt werden von
Grund aus
Und verändert der Bauplan von Grund aus nach
ganz anderer
Unerhörter neuer Einschätzung des Menschen, die
ihr nicht wollt
Noch wir, denn dies geschähe ohne uns und Gott,
der
Abgeschafft würd, weil ganz ohne Amt. Darum
müßt ihr
Mitmachen, und wenn ihr schon nicht opfert, was
Wir auch nicht von euch wollen, so doch gutheißen
die Opfer.
Kurz und gut: ihr müßt
Gott wieder aufrichten
Die einzige Rettung, und
Für ihn die Trommel rühren, auf daß er
Fuß fasse in den Quartieren des Elends und seine

Stimme erschalle auf den Schlachthöfen.
Das würde genügen.

Er hält ihr den Zettel hin.

Nimm, was du bekommst, aber wisse wofür und
Nimm's dann! Hier ist die Bescheinigung, das ist
Miete für vier Jahre.

JOHANNA:
Herr Mauler, was Sie da sagen, verstehe ich nicht, und
Ich will's auch nicht verstehen.

Steht auf.

Ich weiß, ich sollt mich freuen, jetzt zu hören
Daß Gott geholfen werden soll, nur: ich
Gehör zu denen, welchen damit
Noch nicht geholfen ist. Und denen nichts
Geboten wird.

MAULER:
Wenn du den Strohhüten das Geld bringst, kannst
du auch
Wieder bei ihnen bleiben, denn dies Leben
So ohne Halt ist nicht gut für dich. Glaub mir
Sie sind aus auf Geld, und das ist gut so.

JOHANNA:
Wenn die Schwarzen Strohhüte
Ihr Geld annehmen, sollen sie's nur tun
Aber ich will mich setzen zu den Wartenden auf die
Schlachthöfe
Bis die Fabriken wieder auf sind, und
Nichts anderes essen, als sie essen, und wenn
Ihnen Schnee gereicht wird, eben Schnee, und was
Sie arbeiten, das will auch ich arbeiten, denn auch ich

Habe kein Geld und kann's nicht anders kriegen,
wenigstens nicht
Auf ehrliche Weis, und gibt's keine Arbeit, so geb's
Für mich auch keine und
Sie, der Sie leben von der Armut und
Können die Armen nicht sehen und verurteilen
Etwas, was Sie nicht kennen, und richten's so
Daß Sie nicht sehen, was dort verurteilt sitzt
Aufgegeben auf den Schlachthöfen, unbesehen:
Wenn Sie mich künftig sehen wollen, dann
Auf den Schlachthöfen.

Sie geht.

MAULER:
Also heute nacht
Steh auf, Mauler, zu jeder Stunde und
Sieh durch's Fenster, ob es schneit, und wenn es
schneit, dann
Schneit's auf sie, welche du kennst.

9

JOHANNAS DRITTER GANG IN DIE TIEFE. DER SCHNEEFALL

a

Gegend der Schlachthöfe

Johanna. Bei ihr Gloomb und Frau Luckerniddle.

JOHANNA:

Hört, was ich träumte in einer Nacht
Vor sieben Tagen:
Ich sah vor mir auf einem kleinen Feld
Zu klein für eines mittleren Baumes Schatten
Weil eingeengt durch riesige Häuser, einen Klumpen
Menschen von unbestimmter Anzahl, jedoch
Weit größerer Anzahl, als an so kleiner Stelle
Spatzen Platz hätten, also sehr dichten Klumpen,
so daß
Das Feld sich krümmte, in der Mitte aufhob, und
jetzt hing
Der Klumpen übern Rand, einen Augenblick
Festhaltend, in sich pulsend, dann
Durch Hinzutritt eines Wortes, irgendwo gerufen
Gleichgültigen Inhalts, fing es an zu fließen.
Nun sah ich Züge, Straßen, auch bekannte, Chicago!
Euch!
Sah euch marschieren, und nun sah ich mich.
An eurer Spitze sah ich stumm mich schreiten
Mit kriegerischem Schritt, die Stirne blutig
Und Wörter rufend kriegerischen Klangs in

Mir selber unbekannter Sprache, und da gleichzeitig
Von vielen Seiten viele Züge zogen
Schritt ich in vielfacher Gestalt vor vielen Zügen:
Jung und alt, schluchzend und fluchend
Außer mir endlich! Tugend und Schrecken!
Alles verändernd, was mein Fuß berührte
Unmäßige Zerstörung bewirkend, den Lauf der Gestirne
Sichtbar beeinflussend, doch auch die nächsten Straßen
Uns allen bekannt, von Grund auf ändernd.
So zog der Zug und mit ihm ich
Verhüllt durch Schnee vor jedem feindlichen Angriff
Durch Hunger durchscheinend, keine Zielscheibe
Nirgends treffbar, da nirgends wohnhaft
Durch keine Qual belangbar, da jede
Gewohnt. Und so marschiert er, verlassend den
Unhaltbaren Platz: ihn wechselnd mit jedem andern.
So träumte ich.
Heute seh ich die Deutung.
Vor's morgen wird, werden wir
Von diesen Höfen hier aufbrechen
Und ihre Stadt Chicago erreichen bei Morgengrauen
Zeigend unseres Elends ganzen Umfang auf offenen Plätzen
Alles anrufend, was wie ein Mensch aussieht.
Was weiter wird, weiß ich nicht.

GLOOMB: Haben Sie das verstanden, Frau Luckerniddle? Ich nicht.

FRAU LUCKERNIDDLE: Hätte sie nicht bei den Schwarzen Strohhüten so das Maul aufgerissen, dann säßen wir jetzt im Warmen und löffelten unsere Suppe!

b

Viehbörse

MAULER *zu den Packherren:*
Meine Freunde aus New York haben mir geschrieben
Daß heut das Zollgesetz im Süden
Gefallen ist.

DIE PACKHERREN:
Wehe, das Zollgesetz gefallen, und wir
Haben kein Fleisch zu verkaufen! Schon verkauft ist es
Zu niederem Preis, und jetzt sollen wir Fleisch kaufen bei steigendem!

DIE VIEHZÜCHTER:
Wehe, das Zollgesetz gefallen, und wir
Haben kein Vieh zu verkaufen! Es ist schon verkauft
Zu niederem Preis!

DIE KLEINEN SPEKULANTEN:
Wehe! Ewig undurchsichtig
Sind die ewigen Gesetze
Der menschlichen Wirtschaft!
Ohne Warnung
Öffnet sich der Vulkan und verwüstet die Gegend!
Ohne Einladung
Erhebt sich aus den wüsten Meeren das einträgliche Eiland!
Niemand benachrichtigt, niemand im Bilde! Aber den letzten
Beißen die Hunde!

MAULER:
Weil also Vieh gefragt wird

In Büchsen zu annehmbarem Preis
Forder ich euch auf, mir jetzt das Büchsenfleisch
Das ich vertraglich von euch kriegen muß
Schnell auszuliefern.

GRAHAM: Zum alten Preis?

MAULER:
Wie's ausgemacht war, Graham
Achthunderttausend Zentner, wenn ich mich recht erinnere
An einen Augenblick, wo ich nicht bei mir war.

DIE PACKHERREN:
Wie sollen wir jetzt Vieh nehmen bei steigenden Preisen?
Denn da ist einer, der's gekornert hat
Den niemand kennt –
Laß, Mauler, uns heraus aus dem Vertrag!

MAULER:
Leider muß ich die Büchsen haben. Aber es gibt
Doch Vieh genug, ein bißchen teuer, schön, aber
Vieh genug. Kauft's auf!

DIE PACKHERREN: Vieh kaufen, jetzt, pfui Teufel!

c

Kleines Lokal in der Gegend der Schlachthöfe

Arbeiter und Arbeiterinnen, darunter Johanna. Ein Trupp der Schwarzen Strohhüte kommt. Johanna steht auf und winkt ihnen während des Nachfolgenden verzweifelt ab.

JACKSON, LEUTNANT DER SCHWARZEN STROHHÜTE *nach einem eiligen Gesang:*
Warum willst du, Bruder, dich an Jesu Brot nicht laben?
Sieh, wie lustig wir und wie fröhlich sind.
Weil wir den Herrn Jesum, unsern Herrn, gefunden haben.
Komm zu ihm auch du geschwind!
Hallelujah!

Ein Mädchen der Schwarzen Strohhüte spricht zu den Arbeitern, wobei sie zwischendrin Bemerkungen zu den Ihren macht.

MARTHA, SOLDAT DER SCHWARZEN STROHHÜTE: (Das hat wohl keinen Zweck!?) Auch ich, Brüder und Schwestern, stand einmal wie ihr traurig am Wegrain, und der alte Adam in mir wollte nichts als essen und trinken, aber dann hab ich meinen Herrn Jesum gefunden, und da war es so licht in mir und so fröhlich, und jetzt (Sie hören gar nicht zu!), wenn ich nur recht fest an meinen Herrn Jesum denke, der uns alle trotz unserer vielen Missetaten erlöst hat in Schmerzen, dann habe ich keinen Hunger mehr und keinen Durst, außer nach dem Wort unseres Herrn Jesum. (Es nutzt nichts.) Wo der Herr Jesum ist, da ist nicht die Gewalt, sondern der Friede; da ist nicht der Haß, sondern die Liebe. (Es ist ganz umsonst!) Und darum: haltet den Topf am Kochen!

DIE SCHWARZEN STROHHÜTE: Hallelujah!

Jackson reicht die Büchse herum. Es wird aber nichts hineingetan.

Hallelujah!

JOHANNA:

Möchten sie doch nicht hier in der Kälte
Solches Ärgernis geben und da noch reden!
Wirklich, ich könnt jetzt
Kaum hören die Worte, die
Einst mir lieb waren und angenehm! Möchte ihnen doch
Eine Stimme sagen, ein Rest in ihnen: hier ist
Schnee und Wind, hier schweigt!

EINE FRAU: Lassen Sie die nur. Das müssen die ja machen, wenn sie dort ein bißchen Wärme und Essen kriegen wollen. Da möcht ich auch sein!

FRAU LUCKERNIDDLE: Das war eine schöne Musik!

GLOOMB: Schön und kurz.

FRAU LUCKERNIDDLE: Das da sind aber doch gute Menschen.

GLOOMB: Gut und kurz, kurz und gut.

DIE FRAU: Warum reden sie eigentlich nicht mit uns und bekehren uns?

GLOOMB *macht die Geste des Geldzählens:* Können Sie den Topf am Kochen halten, Frau Swingurn?

DIE FRAU: Die Musik ist sehr hübsch, aber ich erwartete, daß sie uns vielleicht einen Teller Suppe geben würden, da sie einen Topf dabei hatten.

EIN ARBEITER *wundert sich über sie:* Nee, wirklich, haben Sie gedacht?

FRAU LUCKERNIDDLE: Ich möchte auch lieber Taten sehen. Reden habe ich genug gehört. Wenn gewisse Leute geschwiegen hätten, wüßte ich, wo heute nacht hingehen.

JOHANNA: Gibt es hier nicht Leute, die etwas unternehmen?

DER ARBEITER: Ja, die Kommunisten.

JOHANNA: Sind das nicht Leute, die zu Verbrechen auffordern?

DER ARBEITER: Nein.

Stille.

JOHANNA: Wo sind die Leute?

GLOOMB: Das kann Ihnen Frau Luckerniddle sagen.

JOHANNA *zu Frau Luckerniddle:* Woher wissen Sie denn das?

FRAU LUCKERNIDDLE: Wissen Sie, zu einer Zeit, wo ich mich noch nicht auf Leute wie Sie verlassen habe, war ich oft dort wegen meinem Mann.

d

Viehbörse

DIE PACKHERREN:

Wir kaufen Vieh! Jungvieh!
Mastvieh! Kälber! Ochsen! Schweine!

Wir bitten um Angebote!

DIE VIEHZÜCHTER:

's ist nichts da! Alles, was verkäuflich war
Haben wir verkauft.

DIE PACKHERREN:

Nichts da? Und auf den Bahnhöfen
Staut sich's von Vieh.

DIE VIEHZÜCHTER: Verkauftem.

DIE PACKHERREN: An wen verkauft?

Mauler tritt auf. Die Packherren bestürmen ihn.

DIE PACKHERREN:

Kein Ochse aufzutreiben in Chicago!
Du mußt uns stunden, Mauler.

MAULER:

Es bleibt dabei: ihr liefert euer Fleisch.

Er stellt sich zu Slift.

Pump sie vollends aus.

EIN VIEHZÜCHTER: Achthundert Ochsen aus Kentucky zu vierhundert.

DIE PACKHERREN: Ausgeschlossen. Seid ihr verrückt? Vierhundert!

SLIFT: Ich. Vierhundert!

DIE VIEHZÜCHTER: Achthundert Ochsen an Sullivan Slift zu vierhundert.

DIE PACKHERREN:

Der Mauler ist's! Was sagten wir? Er ist's!
Du krummer Hund, uns zwingt er, ihm Büchsenfleisch zu liefern
Und kauft Vieh auf! Daß wir das Fleisch von ihm einkaufen müssen

Das wir brauchen, ihm die Büchsen zu füllen!
Du dreckiger Metzger! Da, nimm unser Fleisch,
schneid's dir heraus!

MAULER: Wer ein Ochse ist, der darf sich nicht wundern, wenn bei seinem Anblick der Appetit wächst!

GRAHAM *will auf Mauler losgehen:* Hin muß er sein, ich mach ihn kalt!

MAULER:

So, Graham, jetzt verlang ich deine Büchsen!
Du kannst dich selbst hineinstopfen.
Ich will euch das Fleischgeschäft lehren, ihr
Kaufleute! Von jetzt an wird jede Klaue, jedes Kalb
Von hier bis Illinois an mich bezahlt und gut bezahlt
Und so biet ich also fünfhundert Ochsen an fürs
erste für sechsundfünfzig.

Stille.

Und jetzt wegen schlechter Nachfrag, weil hier niemand Vieh braucht
Verlang ich sechzig! Vergeßt auch nicht
Meine Büchsen!

e

Anderer Teil der Schlachthöfe

Auf Plakaten steht: „Übt Solidarität mit den Ausgesperrten der Schlachthöfe! Auf zum Generalstreik!" Vor einem Schuppen zwei Männer von der Zentrale der Arbeitergewerkschaften. Sie sprechen mit einem Trupp Arbeiter. Johanna kommt.

JOHANNA: Sind das die Leute, welche die Sache der Arbeitslosen führen? Ich kann mithelfen. Ich habe das Reden auf öffentlichen Plätzen und in Sälen, auch großen, gelernt, habe keine Furcht vor Belästigungen und kann eine gute Sache, denke ich, gut erklären. Es muß nämlich meiner Meinung nach sofort etwas geschehen. Ich habe auch Vorschläge.

EIN ARBEITERFÜHRER: Hört alle zu:
Bisher zeigen die Fleischleute noch nicht die geringste Lust, ihre Fabriken wieder aufzumachen. Zuerst hatte es den Anschein, als ob der Ausbeuter Pierpont Mauler die Wiedereröffnung der Fabriken betreibe, da er von den Fleischleuten große Mengen von Konserven verlangt, die sie ihm kontraktlich schulden. Dann zeigte es sich, daß das Fleisch, das sie für die Konserven brauchen, in Maulers eigener Hand ist und er nicht daran denkt, es herauszugeben. Wir wissen jetzt, daß wir Arbeiter, wenn es nach den Fleischleuten geht, niemals mehr alle in die Schlachthäuser zurückkehren können und niemals mehr zu dem alten Lohn. In dieser Lage müssen wir erkennen, daß nur mehr die Anwendung von Gewalt uns helfen kann. Die städtischen Großbetriebe haben uns

nun versprochen, spätestens übermorgen in den Generalstreik zu treten. Diese Nachricht muß jetzt an allen Orten der Schlachthöfe verbreitet werden, denn ohne sie besteht die Gefahr, daß die Massen, durch irgendwelche Gerüchte veranlaßt, die Schlachthöfe verlassen und dann sich den Bedingungen der Fleischleute unterwerfen müssen. Sicher werden die Fleischleute vor morgen früh noch allerhand Lügen ausstreuen, daß alles geordnet sei und der Generalstreik nicht stattfinde. Deshalb müssen diese Briefe, in denen steht, daß die Gas-, Wasser- und Elektrizitätswerke uns durch Streik helfen wollen, an die Vertrauensleute abgegeben werden, die um zehn Uhr abends an verschiedenen Orten der Schlachthöfe auf unsere Parolen warten. Steck dir den unter den Kittel, Jack, und wart vor Mutter Schmittens Kantine auf die Vertrauensleute!

Ein Arbeiter nimmt den Brief und geht weg.

ANDERER ARBEITER: Gib mir den für die Grahamwerke, die kenn ich.

DER ARBEITERFÜHRER: Sechsundzwanzigste Straße, Ecke Michiganpark.

Der Arbeiter nimmt den Brief und geht weg.

DER ARBEITERFÜHRER: Dreizehnte Straße beim Westinghouse Building. *Zu Johanna:* Was bist du denn für eine?

JOHANNA: Ich bin entlassen worden aus der Stellung, die ich hatte.

DER ARBEITERFÜHRER: Was hattest du denn für eine Stellung?

JOHANNA: Ich habe eine Zeitschrift verkauft.
DER ARBEITERFÜHRER: Für wen hast du denn gearbeitet?
JOHANNA: Ich bin Kolporteurin.
EIN ARBEITER: Vielleicht ist sie ein Spitzel.
DER ARBEITERFÜHRER: Nein, ich kenne sie, sie ist bei der Heilsarmee und bekannt bei den Polizisten. Niemand würde sie verdächtigen, daß sie für uns arbeitet. Das ist günstig, denn an dem Ort, wo die Genossen von den Cridlewerken hinkommen wollen, wird von der Polizei schon scharf kontrolliert. Wir haben niemand, der so wenig auffallen wird wie sie.
DER ZWEITE ARBEITERFÜHRER: Wer sagt dir, was sie mit dem Brief macht, den wir ihr geben?
DER ERSTE ARBEITERFÜHRER: Niemand. *Zu Johanna*
Das Netz, dessen eine Masche
Zerrissen ist, nützt nichts mehr:
Durch es schwimmen die Fische an diesem Punkt
Als ob da kein Netz sei.
Plötzlich sind nutzlos
Alle Maschen.
JOHANNA: In der Vierundvierzigsten Straße habe ich Zeitungen verkauft. Ich bin kein Spitzel. Ich bin von Herzen für eure Sache.
DER ZWEITE ARBEITERFÜHRER: Unsere Sache? Ja, ist es denn nicht deine Sache?
JOHANNA: Das ist doch nicht im Interesse der Allgemeinheit, daß die Fabrikanten einfach so viele Leute auf die Straße setzen. Das ist ja gerade, als ob die Armut der armen Leute den reichen nützt! Da ist ja womöglich die Armut überhaupt denen ihr Werk!
Schallendes Gelächter der Arbeiter.

JOHANNA: Das ist ja unmenschlich!! Ich denk da auch an solche wie den Mauler.

Erneutes Gelächter.

JOHANNA: Warum lacht ihr? Ich finde eure Hämischkeit nicht richtig und daß ihr ohne Beweis glauben wollt, es könnt einer wie der Mauler kein Mensch sein.

DER ZWEITE ARBEITERFÜHRER: Nicht ohne Beweis. Der kannst du den Brief ruhig geben. Sie kennen sie, Frau Luckerniddle? *Frau Luckerniddle nickt.* Sie ist doch ehrlich?

FRAU LUCKERNIDDLE: Ehrlich ist sie.

DER ERSTE ARBEITERFÜHRER *gibt Johanna den Brief:* Geh zum Speicher fünf der Grahamwerke. Wenn du da drei Arbeiter kommen siehst, die sich umschauen, fragst du, ob sie von den Cridlewerken sind. Für die ist der Brief.

f

Viehbörse

DIE KLEINEN SPEKULANTEN:
Die Papiere sinken! Die Packhöfe in Gefahr!
Was wird aus uns, den Aktieninhabern?
Dem kleinen Sparer, der sein Letztes drangab
Dem ohnehin geschwächten Mittelstand?
So einer wie der Graham, der gehörte
Zerrissen in der Luft, bevor er das Papier
Drauf unser Anteil steht, den wir

An seinen Blutkellern erwarben
Zur Makulatur macht.
Kauft euer Vieh ein, kauft's zu jedem Preis!

Hinten werden während der ganzen Szene die Firmen ausgerufen, die ihre Zahlungen einstellen. „Die Zahlungen stellen ein: Meyers & Co." usw.

DIE PACKHERREN: Wir können nicht mehr, der Preis steht über siebzig.

DIE AUFKÄUFER: Haut sie herunter, sie kaufen nicht, die Großköpfe.

DIE PACKHERREN: Gefragt zweitausend Ochsen zu siebzig.

SLIFT *zu Mauler an einer Säule:* Treib sie herauf.

MAULER:

Ich seh, daß ihr euch nicht gehalten habt
An den Vertrag, den ich da mit euch schloß
Durch den ich Arbeit schaffen wollte. Und jetzt hör ich
Sie stünden immer noch draußen auf den Höfen. Aber
Jetzt wird's euch reu'n: jetzt her mit den Konserven
Die ich gekauft hab!

GRAHAM:

Wir konnten nichts tun, denn das Fleisch verschwand
Gänzlich vom Markt!
Fünfhundert Ochsen zu fünfundsiebzig.

DIE KLEINEN SPEKULANTEN:

Kauft sie, Bluthunde!
Sie kaufen nicht! Sie liefern lieber
Die Packhöfe aus.

MAULER:

Man sollte nicht noch höher treiben, Slift
Sie können schon nicht mehr.

Sie sollen bluten, aber sie dürfen nicht
Verrecken, wenn sie hin sind
Sind wir auch hin.

SLIFT:
Sie können noch, treib sie höher.
Fünfhundert Ochsen zu siebenundsiebzig.

DIE KLEINEN SPEKULANTEN:
Siebenundsiebzig. Hört ihr's? Warum
Habt ihr nicht gekauft zu fünfundsiebzig? Jetzt
Ist's schon siebenundsiebzig und das steigt noch.

DIE PACKHERREN: Wir kriegen von dem Mauler fünfzig für die Büchsen und können nicht dem Mauler zahlen achtzig für das Vieh.

MAULER *einige fragend:* Wo sind die Leute, die ich zum Schlachthof schickte?

EINER: Dort ist einer.

MAULER: Nun, mach das Maul auf.

Der erste Detektiv berichtet.

DER ERSTE DETEKTIV: Unabsehbar, Herr, sind diese Massen. Riefe man nach einer Johanna, meldeten sich vielleicht zehn oder hundert. Ohne jedes Gesicht oder Namen sitzt das und wartet. Außerdem ist eine einzelne Stimme nicht zu hören, und viel zu viele laufen herum und fragen nach Angehörigen, die sie verloren haben. In der Gegend, wo die Gewerkschaften arbeiten, herrscht starke Unruhe.

MAULER: Wer arbeitet? Die Gewerkschaften? Und die Polizei läßt sie hetzen? Verdammt! Geh sofort und ruf die Polizei an, nenn meinen Namen, frag sie, wofür wir unsre Steuern zahlen. Verlang, daß man den Hetzern die Köpfe eintrommelt, sprich deutlich mit ihnen.

Der erste Detektiv ab.

GRAHAM:

Dann gib her, Mauler, wenn wir hin sein sollen
Tausend zu siebenundsiebzig, 's ist unser Ende.

SLIFT:

Fünfhundert zu siebenundsiebzig an Graham.
Alles darüber zu achtzig.

MAULER *ist zurückgekehrt:*

Slift, ich hab keinen Spaß mehr an dem
Geschäft. Es könnt zu weit führen.
Geh noch bis achtzig, dann gib's her für achtzig.
Ich will's hergeben und sie loslassen.
Es ist genug. Die Stadt muß wieder
Atem schöpfen. Und ich hab andere Sorg.
Slift, dieses Halszudrücken ist mir
Nicht soviel Spaß, wie ich geglaubt hab.

Er sieht den zweiten Detektiv.

Hast du sie gefunden?

DER ZWEITE DETEKTIV: Nein, ich sah keine mit dem Uniformrock der Schwarzen Strohhüte, es sind hunderttausend, die auf den Schlachthöfen stehen, dazu ist's dunkel, und der scharfe Wind verweht das Ausrufen. Außerdem räumt die Polizei die Schlachthöfe, und es wird schon geschossen.

MAULER:

Geschossen? Auf wen? Natürlich, ich weiß.
's ist merkwürdig, weil man hier gar nichts hört.
Sie ist also nicht zu finden, und geschossen wird?
Geh zu den Telefonzellen, such den Jim und sag ihm
Er soll nicht telefonieren, sonst heißt es wieder
Wir hätten verlangt, daß da geschossen wird.

Der zweite Detektiv ab.

MEYERS: Eintausendfünfhundert zu achtzig.
SLIFT: Zu achtzig nur fünfhundert!
MEYERS: Fünftausend zu achtzig! Halsabschneider!
MAULER *ist zur Säule zurückgekehrt:* Slift, mir ist übel, laß nach.
SLIFT: Ich denk nicht dran. Sie können noch. Und wenn du schwach wirst, Mauler, treib ich sie höher.
MAULER:

Slift, ich muß an die Luft. Führ du
Die Geschäfte weiter. Ich kann's nicht. Führ sie
In meinem Sinn. Es ist mir lieber, ich geb alles weg
Als daß durch mich noch was passierte! Geh
Nicht weiter als bis fünfundachtzig! Aber führ's
In meinem Sinn. Du kennst mich.

Weggehend begegnet er Zeitungsleuten.

DIE ZEITUNGSLEUTE: Was Neues, Mauler?
MAULER *im Abgehen:* Man muß auf den Schlachthöfen bekannt machen, daß ich den Schlachthäusern jetzt Vieh abgelassen habe, so daß jetzt Vieh da ist. Sonst kommt's zu Gewalttaten.
SLIFT: Fünfhundert Ochsen zu neunzig!
DIE KLEINEN SPEKULANTEN:

Wir haben gehört, der Mauler
Wollt's geben für fünfundachtzig. Slift hat keinen Auftrag.

SLIFT:

Lüge. Ich will euch lehren
Fleisch in Büchsen zu verkaufen und
Kein Fleisch zu haben!
Fünftausend Ochsen für fünfundneunzig.

Gebrüll.

g

Schlachthöfe

Viele Wartende, darunter Johanna.

LEUTE: Warum sitzen Sie hier?

JOHANNA: Ich muß einen Brief abgeben. Da werden drei Leute kommen.

Eine Gruppe von Zeitungsleuten kommt, von einem Mann geführt.

DER MANN *deutet auf Johanna:* Das ist sie. *Zu Johanna:* Das sind Zeitungsleute.

DIE ZEITUNGSLEUTE: Hallo, sind Sie das Schwarzestrohhutmädchen Johanna Dark?

JOHANNA: Nein.

DIE ZEITUNGSLEUTE: Wir haben aus dem Büro des Herrn Mauler gehört, daß Sie geschworen haben, die Schlachthöfe nicht eher zu verlassen, als bis die Fabriken geöffnet sind. Wir haben es, hier können Sie es lesen, in großen Lettern auf der ersten Seite gebracht. *Johanna wendet sich weg. Die Zeitungsleute lesen vor:* Unsere liebe Frau vom Schlachthof, Johanna Dark, erklärt, Gott ist solidarisch mit den Schlachthausarbeitern.

JOHANNA: Ich habe keine solche Sachen gesagt.

DIE ZEITUNGSLEUTE: Wir können Ihnen berichten, Fräulein Dark, daß die öffentliche Meinung mit Ihnen ist. Ganz Chicago, ausgenommen einige skrupellose Spekulanten, fühlt mit Ihnen. Ihre Schwarzen Strohhüte werden damit einen ungeheuren Erfolg haben.

JOHANNA: Ich bin nicht mehr bei den Schwarzen Strohhüten.

DIE ZEITUNGSLEUTE: Das gibt es doch nicht. Für uns gehören Sie zu den Schwarzen Strohhüten. Aber wir wollen Sie nicht stören und uns ganz im Hintergrund aufhalten.

JOHANNA: Ich möchte, daß Sie weggehen.

Sie setzen sich in einiger Entfernung nieder.

DIE ARBEITER *hinten auf den Höfen:*

Vor die Not nicht am höchsten ist
Werden sie die Fabriken nicht aufmachen.
Wenn das Elend gestiegen ist
Werden sie aufmachen.
Aber antworten müssen sie uns.
Geht nicht weg, wartet die Antwort ab!

GEGENCHOR *ebenfalls hinten:*

Falsch! Wohin immer das Elend steigt:
Sie werden nicht aufmachen!
Nicht, vor ihr Profit steigt.
Ihre Antwort wird kommen
Aus Kanonen und Maschinengewehren.
Helfen können nur wir selber uns
Anrufen können wir nur
Unseresgleichen.

JOHANNA: Glauben Sie das auch, Frau Luckerniddle?

FRAU LUCKERNIDDLE: Ja, das ist die Wahrheit.

JOHANNA:

Ich sehe dies System, und äußerlich
Ist's lang bekannt, nur nicht im
Zusammenhang! Da sitzen welche, Wenige, oben
Und Viele unten, und die oben schreien

Hinunter: kommt herauf, damit wir alle
Oben sind, aber genau hinsehend siehst du was
Verdecktes zwischen denen oben und denen unten
Was wie ein Weg aussieht, doch ist's kein Weg
Sondern ein Brett, und jetzt siehst du's ganz deutlich
's ist ein Schaukelbrett, dieses ganze System
Ist eine Schaukel mit zwei Enden, die voneinander
Abhängen, und die oben
Sitzen oben nur, weil jene unten sitzen
Und nur solang jene unten sitzen, und
Säßen nicht mehr oben, wenn jene heraufkämen
Ihren Platz verlassend, so daß
Sie wollen müssen, diese säßen unten
In Ewigkeit und kämen nicht herauf.
Auch müssen's unten mehr als oben sein
Sonst hält die Schaukel nicht. 's ist nämlich eine
Schaukel.

Die Zeitungsleute stehen auf und gehen nach hinten, da sie eine Nachricht bekommen haben.

EIN ARBEITER *zu Johanna:* Was haben Sie denn mit diesen Leuten zu tun?

JOHANNA: Nichts.

DER ARBEITER: Aber Sie haben doch mit Ihnen gesprochen.

JOHANNA: Sie haben mich verwechselt.

EIN ALTER MANN *zu Johanna:* Sie frieren ja ganz ordentlich. Wollen Sie einen Schluck Whisky? *Johanna trinkt.* Halt! Halt! Einen Zug haben Sie da am Leibe, der ist nicht von Pappe.

EINE FRAU: Unverschämtheit!

JOHANNA: Sagten Sie was?

DIE FRAU: Ja, Unverschämtheit! Dem alten Mann seinen Whisky auszusaufen!

JOHANNA: Halten Sie den Mund, Sie dumme Person! Ja, wo ist denn mein Schal? Den haben sie jetzt auch wieder gestohlen. Das ist doch die Höhe! Stehlen die mir doch meinen Schal! Wer hat jetzt den Schal an sich gebracht? Sofort hergeben. *Sie reißt der neben ihr stehenden Frau den Sack vom Kopfe. Diese wehrt sich.* Na, Sie sind's doch. Lügen Sie nur nicht, und jetzt geben Sie den Sack her.

DIE FRAU: Hilfe, die bringt mich um.

EIN MANN: Ruhe!

Einer schmeißt ihr einen Fetzen hin.

JOHANNA: Wenn's nach euch ginge, könnt ich hier nackigt in dem Zug herumsitzen.

So kalt war's nicht in meinem Traum. Als ich
Mit großem Plan hierherkam, auch bestärkt
Darin durch Träume: daß es hier so kalt
Sein könnte, hab ich nicht geträumt. Jetzt fehlt mir
Von allem am meisten nur mein warmes Tuch.
Ihr habt gut hungern, ihr habt nichts zu essen
Aber auf mich warten sie mit einer Suppe.
Ihr habt gut frieren
Aber ich kann jederzeit
Kommen in den warmen Saal
Die Fahne nehmen und die Trommel schlagen
Und von IHM reden, der in Wolken wohnt.
Was schon verlaßt ihr! Was ich verließ
Nicht nur Berufung war das, auch Beruf
Hohe Gewöhnung, doch auch auskömmliche

Beschäftigung und täglich Brot und Dach und Unterhalt.
Ja, fast ein Schauspiel scheint's mir, also
Unwürdig, wenn ich hierbliebe
Ohne dringendste Not. Trotzdem:
Ich darf nicht weggehn, und doch
Ich sag es offen, Furcht schnürt mir den Hals
Vor diesem Nichtessen, Nichtschlafen, Nichtausnocheinwissen;
Gewöhnliches Hungern, niedriges Frieren und
Vor allem Fortwollen.

Die Arbeiter:
Bleibt hier! Was auch kommt
Geht nicht auseinander!
Nur wenn ihr zusammenbleibt
Könnt ihr euch helfen!
Wißt, daß ihr verraten seid
Von allen euren öffentlichen Fürsprechern
Und euren Gewerkschaften, welche gekauft sind.
Hört auf niemand, glaubt nichts
Aber prüfet jeden Vorschlag
Der zur wirklichen Änderung führt. Und vor allem lernt:
Daß es nur durch Gewalt geht und
Wenn ihr es selber macht.

Die Zeitungsleute kehren zurück.

Die Zeitungsleute: Hallo, Mädchen, Sie haben einen Riesenerfolg: wir erfahren eben, daß der Millionär Pierpont Mauler, in dessen Hand sich große Viehbestände befinden, den Schlachthäusern trotz steigender Preise Vieh abläßt. Unter diesen Umständen wird morgen die Arbeit auf den Höfen wieder aufgenommen.

JOHANNA: Oh, gute Nachricht!

FRAU LUCKERNIDDLE: Das sind die Lügen, von denen die Unsern gesprochen haben. Nur gut, daß in unserm Brief die Wahrheit steht.

JOHANNA:

Hört ihr, es gibt Arbeit!
Das Eis in ihrer Brust ist aufgetaut. Zumindest
Der Rechtliche unter ihnen
Hat nicht versagt. Angesprochen als Mensch
Hat er menschlich geantwortet. Es gibt
Also Güte.

In der Ferne knattern Maschinengewehre.

Was ist das für ein Geräusch?

EIN ZEITUNGSMENSCH: Das sind die Maschinengewehre des Militärs, welches die Schlachthöfe räumen soll, da jetzt, wo die Schlachthäuser wieder aufgemacht werden, die Hetzer, die zu Gewalttaten aufrufen, zum Schweigen gebracht werden müssen.

EINE FRAU: Soll man jetzt heimgehen?

EIN ARBEITER: Woher wissen wir, ob das wahr ist, daß es wieder Arbeit geben soll?

JOHANNA: Warum soll es denn nicht wahr sein, wenn es diese Herren sagen? Mit so was kann man doch nicht spaßen.

FRAU LUCKERNIDDLE: Reden Sie nicht so dumm. Sie haben überhaupt keinen Verstand. Sie sind eben zu kurz hier in der Kälte gesessen. *Sie steht auf.* Ich werde jetzt zu den Unsrigen hinüberlaufen und ihnen sagen, daß die Lügen schon da sind. Aber rühren Sie sich nicht vom Fleck mit dem Brief, hören Sie!

Sie geht weg.

JOHANNA: Aber es wird doch geschossen.

EIN ARBEITER: Bleiben Sie ruhig sitzen, denn die Schlachthöfe sind so groß, daß es noch Stunden dauert, bis das Militär hierher kommt.

JOHANNA: Wie viele sind denn da?

DIE ZEITUNGSLEUTE: Es werden hunderttausend sein.

JOHANNA:

So viel?
Oh, welch unbekannte Schule, ungesetzlicher Raum
Von Schnee erfüllt, wo Hunger lehrt und
unhinderbar
Von der Notwendigkeit redet die Not!
Hunderttausend Schüler, was lernt ihr?

DIE ARBEITER *hinten:*

Wenn ihr beisammen bleibt
Werden sie euch niederschlachten.
Wir raten euch, beisammen zu bleiben!
Wenn ihr kämpft
Werden ihre Tanks euch zermalmen.
Wir raten euch zu kämpfen!
Diese Schlacht wird verloren gehen
Und vielleicht auch die nächste noch
Wird verloren gehen.
Aber ihr lernt das Kämpfen
Und erfahrt
Daß es nur durch Gewalt geht und
Wenn ihr es selber macht.

JOHANNA:

Halt, lernt nicht weiter!
Nicht in so kalter Weise!
Nicht durch Gewalt

Bekämpft Unordnung und die Verwirrung.
Freilich, riesenhaft ist die Verführung!
Noch eine solche Nacht und noch eine solche
Wortlose Bedrückung, und niemand
Vermag ruhig zu bleiben. Und sicher standet ihr
Schon in vielen Nächten vieler Jahre
Beisammen und lerntet
Kalt zu denken und furchtbar.
Freilich, es sammelt sich auch
Gewalttat zu Gewalttat im Dunkeln
Schwach zu Schwach und das Unerledigte
Sammelt sich.
Aber was hier gekocht wird: wer
Werden die Esser sein?
Ich will weggehen. Es kann nicht gut sein, was mit Gewalt gemacht wird. Ich gehör nicht zu ihnen. Hätten mich als Kind der Tritt des Elends und der Hunger Gewalt gelehrt, würde ich zu ihnen gehören und nichts fragen. So aber muß ich weggehen. *Sie bleibt sitzen.*

DIE ZEITUNGSLEUTE: Wir raten Ihnen, jetzt die Höfe zu verlassen. Sie haben einen großen Erfolg gehabt, aber die Sache ist jetzt zu Ende. *Ab.*

Ein Geschrei von hinten, sich nach vorn fortpflanzend.

Die Arbeiter stehen auf.

EIN ARBEITER: Man bringt die von der Zentrale.

Die zwei Arbeiterführer werden von Detektiven gefesselt vorbeigeführt.

DER ARBEITER *zu dem gefesselten Führer:* Sei ruhig, William, es ist nicht aller Tage Abend.

ANDERER ARBEITER *schreit der Gruppe nach:* Bluthunde!

DER ARBEITER: Wenn sie glauben, so verhindern sie was, sind sie auf dem Holzwege. Die haben schon lang alles geordnet.

In einer Vision sieht Johanna sich selbst als Verbrecherin außerhalb der vertrauten Welt.

JOHANNA:

Die mir den Brief gaben, warum
Sind sie gefesselt? Was
Steht in dem Brief? Ich könnt nichts tun
Was mit Gewalt getan sein müßt und
Gewalt erzeugte. Ein solcher stünd ja
Voller Arglist gegen den Mitmenschen
Außerhalb aller Abmachung
Die unter Menschen gewöhnlich ist.
Nicht mehr zugehörig, fände er
In der nicht mehr vertrauten Welt sich
Nicht mehr zurecht. Über seinem Haupte
Liefen jetzt die Gestirne ohne die
Alte Regel. Die Wörter
Änderten ihm ihren Sinn. Die Unschuld
Verließe ihn, der verfolgt und verfolgt wird.
Er sieht nichts mehr arglos.
So könnt ich nicht sein. Und drum geh ich.
Dreitätig ward in Packingtown im Sumpf der Schlachthöfe
Gesehn Johanna
Heruntersteigend von Stufe zu Stufe
Den Schlamm zu klären, zu erscheinen den
Untersten. Dreitägig abwärts

Schreitend, schwächer werdend am dritten und
Verschlungen vom Sumpf am Ende. Sagt:
Es war zu kalt.

Sie steht auf und geht weg. Es schneit.

FRAU LUCKERNIDDLE *kommt zurück:* Alles Lüge! Wo ist denn die Person hingegangen, die bei mir gesessen hat?

EINE FRAU: Weg.

EIN ARBEITER: Ich hab's mir gleich gedacht, daß sie weggeht, wenn der eigentliche Schnee kommt.

Drei Arbeiter kommen, sehen sich nach jemanden um, finden ihn nicht und gehen wieder weg. Während es dunkel wird, erscheint eine Schrift:

Der Schnee beginnt zu treiben
Wer wird denn da bleiben?
Da bleiben, wie immer so auch heut
Der steinige Boden und die armen Leut.

h

PIERPONT MAULER ÜBERSCHREITET DIE GRENZE DER ARMUT

Straßenecke in Chicago

MAULER *zu einem der Detektive:*
Nicht weiter, wir wollen umkehren, was sagst du?
Du hast gelacht, gib's zu! Ich sagte, wir wollen
Umkehren, da lachtest du. Sie schießen wieder.

's scheint Widerstand zu geben, was? Ja, was ich
Euch einschärfen wollte: denkt nicht
Drüber nach, wenn ich ein paarmal umkehrte
Als wir den Schlachthöfen näher kamen. Denken
Ist nichts. Ich zahl euch nicht für Denken.
Ich mag meine Gründe haben. Man kennt mich dort.
Jetzt denkt ihr wieder. Ich scheine
Dummköpfe genommen zu haben. Jedenfalls
Kehren wir um. Ich hoff, die, die ich suchte
Wurde schon durch Vernunft bewegt, dort unten
Wo ja die Hölle los zu sein scheint, wegzugehn.

Ein Zeitungsjunge geht vorbei.

Hallo, Zeitungen! Laß sehn, wie's steht am
Viehmarkt!

Er liest und wird kalkweiß.

Ja, hier geschah was, was die Dinge ändert
Indem hier schwarz auf weiß gedruckt ist, daß das
Vieh
Auf dreißig steht und nicht ein Stück verkauft wird
Indem, wie schwarz auf weiß hier steht, die Packer
Sind verkracht und hätten den Viehmarkt verlassen.
Auch sollen Mauler und sein Freund, der Slift
Von allen am verkrachtesten sein. So steht's, und
hiermit
Wär also erreicht, was zwar nicht angestrebt war,
aber
Mit Aufatmen begrüßt wird. Ich kann ihnen nicht
mehr helfen
Denn all mein Vieh
Hab ich doch freigegeben zum Gebrauch jedweden
Manns

Und keiner nahm's und also bin ich frei jetzt
Und außer Anspruch, und hiermit
Entlaß ich euch, die Grenze
Der Armut überschreitend, denn ich brauch euch
nicht mehr.
Hinfort wird keiner mich erschlagen wollen.

DIE ZWEI DETEKTIVE: Dann können wir also gehen.

MAULER:
Das könnt ihr und ich kann's auch, wohin ich will.
Sogar auf die Schlachthöfe.
Und was das Ding aus Schweiß und Geld betrifft
Das wir in diesen Städten aufgerichtet haben:
's ist schon, als hätt einer
Ein Gebäud gemacht, das größte der Welt und
Das teuerste und praktischste, aber
Aus Versehen und weil's billig war, hätt er benutzt
als
Material Hundsscheiße, so daß der Aufenthalt
Darin doch schwer wär und sein Ruhm nur der
Am End, er hätt den größten Gestank der Welt
gemacht.
Und einer, der aus solchem Gebäud herauskommt
Der hat ein lustiger Mann zu sein.

DER EINE DETEKTIV *im Abgehen:* So, der ist aus.

MAULER:
Den Niedrigen mag das Unglück niederschlagen
Mich muß es höher, in das Geistige tragen.

Menschenleere Gegend der Schlachthöfe

Im Schneetreiben trifft Frau Luckerniddle Johanna.

FRAU LUCKERNIDDLE: Da sind Sie ja! Wo laufen Sie denn hin? Haben Sie den Brief abgegeben?

JOHANNA: Nein. Ich gehe weg von hier.

FRAU LUCKERNIDDLE: Das hätte ich mir ja denken müssen. Geben Sie sofort den Brief her!

JOHANNA: Nein, Sie kriegen ihn nicht. Sie brauchen gar nicht näher herzukommen. Da steht doch nur wieder etwas Gewalttätiges drin. Jetzt ist alles in Ordnung, aber ihr wollt weitermachen.

FRAU LUCKERNIDDLE: So, für Sie ist alles in Ordnung?! Und ich habe gesagt, Sie seien ehrlich, sonst hätte man Ihnen den Brief überhaupt nicht gegeben. Aber Sie sind eine Schwindlerin und gehören zu den andern. Ein Dreck sind Sie! Geben Sie den Brief her, den man Ihnen anvertraut hat. *Johanna verschwindet im Schneetreiben.* Hallo, Sie! Sie ist wieder weg.

k

Andere Gegend

Johanna, der Stadt zulaufend, hört zwei vorbeigehende Arbeiter sprechen.

DER ERSTE: Zuerst ließen sie das Gerücht aussprengen, die Arbeit in den Schlachthäusern würde wieder voll aufgenommen werden. Jetzt, wo ein Teil der Arbeiter die Höfe verlassen hat, um morgen früh anzutreten, heißt es plötzlich, die Schlachthäuser würden überhaupt nicht mehr eröffnet, weil P. Mauler sie ruiniert habe.

DER ZWEITE: Die Kommunisten haben recht behalten. Die Massen hätten nicht auseinanderlaufen dürfen. Um so mehr als die gesamten Chicagoer Betriebe morgen den Generalstreik erklärt hätten.

DER ERSTE: Das haben wir hier nicht erfahren.

DER ZWEITE: Das ist schlimm. Ein Teil der Boten muß versagt haben. Viele wären geblieben, wenn sie das erfahren hätten. Und zwar trotz der Gewalt, die von der Polizei ausgeübt wurde.

Johanna, herumirrend, hört Stimmen.

STIMME:

Keine Entschuldigung weiß
Der nicht ankommt. Den Gestürzten
Entschuldigt der Stein nicht.
Nicht einmal der Angekommene
Behellige uns mit dem Bericht seiner Schwierigkeit
Sondern liefere schweigend
Sich ab oder das Anvertraute.

Johanna ist stehengeblieben und läuft jetzt in anderer Richtung.

STIMME *Johanna bleibt stehen:*

Wir haben dir einen Auftrag gegeben.
Unsere Lage war dringend.
Wer du bist, wußten wir nicht.
Du konntest unsern Auftrag ausführen und du konntest

Uns auch verraten.
Hast du ihn ausgeführt?

Johanna läuft weiter und wird von einer neuen Stimme aufgehalten.

STIMME:
Wo gewartet wird, muß angekommen werden!

Sich nach einer Rettung vor den Stimmen umblickend, vernimmt Johanna Stimmen von allen Seiten.

STIMMEN:
Das Netz, dessen eine Masche
Zerrissen ist, nützt nichts mehr.
Durch es schwimmen die Fische an diesem Punkt
Als ob da kein Netz sei.
Plötzlich sind nutzlos
Alle Maschen.

STIMME DER FRAU LUCKERNIDDLE:
Ich habe für dich gutgesagt.
Aber den Brief, der die Wahrheit enthielt
Hast du nicht abgeliefert.

JOHANNA *bricht in die Knie:*
O Wahrheit, helles Licht! Verfinstert durch einen Schneesturm zur Unzeit!
Nicht mehr gesehn werdend fürderhin! Oh, von welcher Gewalt sind Schneestürme!
O Schwäche des Körpers! Was lässest du leben, Hunger?
Was überdauert dich, Nachtfrost?
Ich muß umkehren!

Sie läuft zurück.

10

PIERPONT MAULER ERNIEDRIGT SICH UND WIRD ERHÖHT

Bei den Schwarzen Strohhüten

MARTHA *zu einem anderen Schwarzen Strohhut:* Vor drei Tagen ist hierher ein Bote des Fleischkönigs Pierpont Mauler gekommen, um uns mitzuteilen, daß Pierpont Mauler selber für unsere Miete aufkommen und auch eine große Aktion für die Armen mit uns zusammen machen will.

MULBERRY: Herr Snyder, es ist Samstagabend. Ich bitte Sie, die Miete zu zahlen, die sehr niedrig ist, oder mein Lokal zu räumen.

SNYDER: Herr Mulberry, wir warten soeben auf Herrn Pierpont Mauler, der uns seine Unterstützung zugesagt hat.

MULBERRY: Lieber Dick, lieber Albert, stellt das Mobiliar auf die Straße.

Zwei Männer fangen an, die Möbel auf die Straße zu tragen.

DIE SCHWARZEN STROHHÜTE:

Ach, sie tragen die Bußbank weg!
Schon bedroht ihr gieriger Griff
Dampforgel und Rednerpult.
Und lauter schreien wir:
Käme doch der reiche Herr Mauler
Jetzt uns zu retten
Mit seinem Geld!

SNYDER:

Seit sieben Tagen auf den verrostenden Schlachthöfen
Stehen die Massen, endlich entfernt von Arbeit.
Befreit von jedem Obdach stehen sie
Wieder unter Regen und Schnee
Über sich den Zenith unbekannter Bestimmung.
Ach, lieber Herr Mulberry, jetzt warme Suppen
Und etwas Musik, und so haben wir sie. In meinem Kopf
Steht das Reich Gottes fix und fertig da.
Eine Kapelle in der Hand und anständige Suppen, aber
Wirklich fetthaltig, und Gott hat ausgesorgt
Und auch der ganze Bolschewismus
Hat ausgelitten.

DIE SCHWARZEN STROHHÜTE:

Die Dämme des Glaubens sind gebrochen
In unserer Stadt Chicago
Und die Schlammflut des Materialismus
Umspült drohend sein letztes Haus.
Sehet, es wankt schon, seht, es versinkt schon!
Aber haltet durch, der reiche Mauler kommt!
Er ist schon im Anzug mit all seinem Geld!

EIN SCHWARZER STROHHUT: Wo sollen wir denn jetzt das Publikum hintun, Major?

Drei Arme kommen, darunter Mauler.

SNYDER *schreit sie an:* Das will nur Suppen! Hier gibt's keine Suppen! Hier gibt's Gottes Wort! Da werden wir sie gleich wieder draußen haben, wenn sie das hören.

MAULER: Hier sind drei, die zu ihrem Gott kommen.
SNYDER: Setzt euch dorthin und haltet Ruhe.

Die drei setzen sich.

EIN MANN *herein:* Ist hier Pierpont Mauler?
SNYDER: Nein, aber wir warten auf ihn.
DER MANN: Die Packer wollen ihn sprechen, und die Viehzüchter schreien nach ihm. *Ab.*
MAULER *vorn:*
Ich hör, sie suchen einen Mauler.
Ich kannte ihn: ein Dummkopf. Jetzt suchen sie
In Himmel und Hölle, oben und unten diesen Mauler
Der all sein Leben dümmer war als ein
Betrunkener, schmutzbedeckter Strolch.

Steht auf und geht zu den Schwarzen Strohhüten.

Ich kannte einen, den bat man
Um hundert Dollar. Und er hatte an zehn Millionen.
Und kam und gab nicht hundert Dollar, sondern warf
Die zehn Millionen weg
Und gab sich selbst.

Er nimmt zwei von den Schwarzen Strohhüten und läßt sich mit ihnen auf der Bußbank nieder.

Ich will bekennen.
Hier, Freunde, kniete keiner, der
So niedrig war wie ich.
DIE SCHWARZEN STROHHÜTE:
Verliert nicht die Zuversicht!
Werdet nicht kleingläubig!

Er kommt gewiß, er nahet schon
Mit all seinem Geld.

EIN SCHWARZER STROHHUT:
Ist er schon da?

MAULER:
Ich bitt euch, eine Hymne! Denn mir ist
Leicht ums Herz und zugleich schwer.

ZWEI MUSIKER: Ein Stück, aber nicht mehr.

Sie intonieren eine Hymne. Die Schwarzen Strohhüte singen abwesend und nach der Tür blickend mit.

SNYDER *über Rechnungsbüchern:*
Was ich hier ausrechne, ich sag es nicht.
Ruhe!
Bringt mir das Haushaltungsbuch und die unbezahlten Rechnungen, es ist jetzt an dem.

MAULER:
Ich klag mich an der Ausbeutung
Mißbrauchs der Gewalt, Enteignung aller
Im Namen des Eigentums. Sieben Tage hielt ich
Diese Stadt Chicago am Hals
Bis sie verreckt war.

EIN SCHWARZER STROHHUT: Das ist der Mauler!

MAULER:
Aber gleichzeitig führ ich an, daß ich am siebenten
Alles von mir abtat, so daß ich jetzt
Ohne Habe dasteh.
Schuldlos nicht, aber bereuend.

SNYDER: Du bist der Mauler?

MAULER:
Ja, und von Reu zerfleischt.

SNYDER *schreit laut auf:* Und ohne Geld? *Zu den Schwarzen Strohhüten:* Packt die Sachen zusammen, ich stelle hiermit alle Zahlungen ein.

DIE MUSIKER:

Wenn das der Mensch ist, von dem ihr
Euch Geld erwartet habt zu unserer Bezahlung
Dann können wir abziehen – Guten Abend.

Sie gehen ab.

CHOR DER SCHWARZEN STROHHÜTE *den scheidenden Musikern nach:*

Wir haben erwartet mit Gebeten
Den reichen Mauler, aber herein
Trat der Bekehrte.
Sein Herz
Trug er uns entgegen, aber sein Geld nicht.
Darum ist unser Herz gerührt, aber
Unsre Gesichter sind lang.

Die Schwarzen Strohhüte singen durcheinander ihre letzten Hymnen, sitzend auf ihren letzten Stühlen und Bänken.

An den Wassern des Michigansees
Sitzen wir und weinen.
Nehmt die Sprüche von den Wänden
Schlagt die Gesangbücher in das Tuch der sieglosen Fahne ein
Denn wir können unsre Rechnungen nicht mehr bezahlen
Und gegen uns herauf ziehen die Schneestürme
Des zunehmenden Winters.

Dann singen sie noch: „Geht hinein in die Schlacht"

Mauler sieht einem Schwarzen Strohhut über die Schulter und singt mit.

SNYDER:

Ruhe! Hinaus jetzt, alle hinaus – *zu Mauler* – und vor allem Sie!
Wo sind die vierzig Monatsmieten der Unbekehrten
Die Johanna austrieb? Den trieb sie her dafür!
Johanna, gib
Mir meine vierzig Monatsmieten wieder!

MAULER:

Ich seh, ihr wünschtet euer Haus zu bauen
In meiner Schattenseite. Mensch ist
Euch, was euch hilft, so war auch mir
Mensch nur, was Beute war. Doch auch
Wenn Mensch nur das hieße, wem geholfen wird
Wär's auch nicht anders. Dann braucht ihr Ertrinkende.
Denn euer Geschäft wäre dann
Strohhalme zu sein. So bleibt alles
Im großen Umlauf der Waren wie der Gestirne.
Manch einer, Snyder, wär bitter nach solcher Lehr.
Ich aber seh, daß ich, so wie ich bin
Für euch der Falsche bin.

Mauler will gehen, die Fleischkönige kommen ihm an der Tür entgegen, sie sind alle kalkweiß.

DIE PACKHERREN:

Erhabener Mauler! Daß wir dich hier suchen
Dich störend in verwickelten Gefühlen
Deines ungeheuren Kopfes, verzeih's.
Denn wir sind aus. Um uns ist Chaos

Und über uns der Zenith unbekannter Meinung.
Was planst du mit uns, Mauler? Was
Werden deine nächsten Schritte sein?
Denn wir empfingen deine Nackenstreiche.

Herein die Viehzüchter in großer Bewegung, sie sind ebenfalls kalkweiß.

DIE VIEHZÜCHTER:
Verdammter Mauler, hier verkriechst du dich?
Zahl uns das Vieh jetzt, statt dich zu bekehren.
Das Geld her, nicht die Seel! Du brauchst
Dir hier nicht das Gewissen zu erleichtern
Hätt'st du uns unsre Taschen nicht erleichtert!
Zahl uns das Vieh!

GRAHAM *tritt vor:*
Erlaube, Mauler, daß wir dir in Kürze
Den Hergang jener Schlacht erläutern, die
Seit heute morgen, sieben Stunden dauernd
Uns alle in den Abgrund stieß.

MAULER:
Oh, ewiges Schlachten! Das ist heut nicht anders
Als es vor Menschenaltern war, wo sie
Mit Eisen sich die Köpfe blutig schlugen!

GRAHAM:
Erinnere, Mauler, dich, du hieltest
Uns durch Kontrakte, Fleisch zu liefern
An dich, in diesen Tagen Fleisch zu kaufen
Und sei's von dir, denn nur du hattest Fleisch.
Als du nun gingst um zwölf, drückte der Slift
Den Hals uns enger zu. Mit hartem Zuruf
Trieb er die Preise ständig höher, bis sie
Auf fünfundneunzig standen. Da gebot

Die alte Nationalbank Einhalt. Blökend trieb sie
Die gute Greisin, voll Verantwortung, kanadisches
Jungvieh
Auf den zerrütteten Markt, und zitternd standen die
Preise.
Aber der wahnsinnige Slift, kaum ansichtig geworden
Der paar weitgereisten Öchslein, packt sie zu
fünfundneunzig
Wie ein Besoffener, der schon ein Meer aussoff
Immer noch durstig, einen einzelnen Tropfen
Gierig aufschleckt. Schaudernd sah es die Greisin.
Freilich sprangen ihr zur Seite, zu stützen die Alte
Loew und Levi, Wallox und Brigham, die
bestrenommierten
Und verpfändeten, was sie besaßen, sich selbst bis
zum letzten Radiergummi
Dafür, daß sie herbeischafften
In drei Tagen aus Argentinien und Kanada
Das letzte Rind – auch das ungeborene versprachen
sie
Rücksichtslos zu erfassen, auch alles Rindähnliche
Kalbhafte, Schweinemäßige! Slift schreit:
„Nicht in drei Tagen!
Heut! Heut!" und treibt den Preis hoch. Und die
Bankinstitute
Tränenüberflutet stürzten sich in den Endkampf.
Denn sie mußten liefern und also kaufen.
Levi selbst schlug einen von Slifts Maklern
Schluchzend in den Leib. Brigham riß sich den Bart
aus
Schreiend: Sechsundneunzig! Zu diesem Zeitpunkt
Wäre ein Elefant, zufällig hineingeraten

Einfach zerdrückt worden wie eine Beere.
Selbst die Stifte, von Verzweiflung erfaßt,
verbissen sich
Stumm ineinander, wie die Rosse in alter Zeit
Unter den kämpfenden Reitern sich in die Flanken
verbissen.
Volontäre, berühmt durch mangelndes Interesse,
hörte man
An diesem Tage mit den Zähnen knirschen.
Und immer noch kauften wir, denn wir mußten
kaufen.
Da sagte Slift: Hundert! Man hätte
Eine Stecknadel fallen hören, so war die Stille.
Und so auch still fielen in sich zusammen die
Bankinstitute
Zertretenen Schwämmen gleich, einstmals mächtig
und fest
Einstellend wie die Atmung jetzt die Zahlung.
Leise sagte
Levi, der Greis, und alle hörten's: „Jetzt
Haltet euch an die Packhöfe selber, wir können
Die Verträge nicht mehr erfüllen", und also legten sie
Fleischpacker um Fleischpacker
Mürrisch die Packhöfe, die stillgelegten, nutzlosen
Euch zu Füßen, dir und Slift, und gingen nach hinten
Und die Sensale und Vertreter schlossen ihre Mappen.
Und ächzend, wie befreit, in diesem Augenblick
Da kein Vertrag mehr seinen Kauf erzwang
Setzte das Rindfleisch sich ins Bodenlose.
Den Preisen nämlich
War es gegeben, von Notierung zu Notierung zu
fallen

Wie Wasser von Klippe zu Klippe geworfen
Tief ins Unendliche hinab. Bei dreißig erst hielten sie.
Und so wurd, Mauler dir dein Vertrag wertlos.
Statt uns am Hals zu halten, hast du uns erwürgt.
Was nützt's, den toten Mann am Hals zu halten?

MAULER:
So, Slift, so hast du mir den Kampf geführt
Den ich dir anvertraut?

SLIFT:
Reiß mir den Kopf herunter.

MAULER:
Was nützt dein Kopf?
Den Hut her, der ist fünf Cent wert!
Wohin
Mit all dem Vieh, das keiner kaufen muß?

DIE VIEHZÜCHTER:
Ohne in Erregung zu geraten
Bitten wir Sie, uns zu sagen
Ob, wann und womit Sie
Das gekaufte, aber nicht bezahlte
Vieh bezahlen wollen.

MAULER:
Sogleich. Mit diesem Hut und diesem Stiefel.
Da ist mein Hut für zehn Millionen, da
Mein erster Schuh für fünf. Den andern brauch ich
noch.
Seid ihr zufrieden?

DIE VIEHZÜCHTER:
Ach, als wir vor Monden
Führten an Stricken das muntere
Kalb und die sauberen Öchslein
Sorgsam gemästet zum Bahnhof des fernen Missouri

Schrie die Familie uns nach
Und nach noch den rollenden Zügen
Mit von Arbeit zerbrochener Stimme uns nach noch:
Vertrinkt das Geld nicht, Jungens, und
Hoffentlich steigt der Viehpreis!
Was tun wir jetzt? Wie
Kehren wir zurück? Was
Sagen wir ihnen
Die leeren Stricke zeigend
Und die leeren Taschen?
Wie können wir so heimfahren, Mauler?

DER MANN VON VORHIN *herein:* Ist hier der Mauler? Ein Brief aus New York für ihn.

MAULER: Ich war der Mauler, dem solche Briefe galten. *Macht ihn auf, liest abseits.* „Neulich, lieber Pierpont, schrieben wir Dir, Du sollst Fleisch kaufen. Heute hingegen raten wir Dir, ein Abkommen mit den Viehzüchtern zu treffen und das Vieh in seiner Anzahl zu beschränken, damit der Preis sich wieder erholt. Für diesen Fall stehen wir Dir gern zur Verfügung. Morgen weiteres, lieber Pierpont. Deine Freunde in New York." Nein, nein, das geht nicht.

GRAHAM: Was geht nicht?

MAULER: Ich habe Freunde in New York, die wüßten angeblich einen Ausweg. Mir erscheint er nicht gehbar. Urteilt selbst.

Er gibt ihnen den Brief.

Wie so ganz anders
Jetzt alles scheint. Jagt doch nicht weiter, Freunde.
Euer Gut ist hin, begreift's, das ist verloren.
Doch nicht deshalb, weil wir nicht mehr mit irdischen Gütern gesegnet sind – das kann nicht jeder sein –

Nur weil wir keinen Sinn für Höheres haben.
Drum sind wir arm!

MEYERS: Wer ist das, diese Freunde in New York?

MAULER: Horgan und Blackwell. Sell ...

GRAHAM: Das wär ja Wallstreet?

Durch die Anwesenden geht ein Flüstern.

MAULER:
Der innere Mensch, so unterdrückt in uns ...

DIE PACKHERREN UND VIEHZÜCHTER:
Erhabener Mauler, wolle dich bequemen
Aus deinen hohen Meditationen
Herabzusteigen zu uns! Bedenk das Chaos
Das alles überfluten würde, und nimm
Da du gebraucht wirst
Auf dich wieder, Mauler, das Joch der Verantwortung!

MAULER:
Ich tu's nicht gern.
Auch wag ich's nicht allein. Denn noch im Ohr
Liegt mir das Murren auf den Schlachthöfen und das
Geknatter der Maschinengewehre. Das ginge nur
Wenn's sanktioniert würd in ganz großer Weis
Und als zum Wohl der Allgemeinheit unbedingt
gehörend
Begriffen würd. So aufgefaßt
Ging es vielleicht.

Zu Snyder

Gibt es viele solcher Bibelläden?

SNYDER: Ja.

MAULER: Und wie stehen sie?

SNYDER: Schlecht.

MAULER:
Sie stehen schlecht, aber es sind viele.

Wenn wir euch Schwarzen Strohhüten
Eure Sach aufzögen in großer Weise, würdet ihr da
Mit Suppen versehen und Musik und
Geeigneten Bibelsprüchen, auch mit Obdach
In äußersten Fällen, für uns reden
Überall, daß wir gute Leute sind? Gutes planend in
Schlechter Zeit? Denn nur durch
Äußerste Maßnahmen, die hart erscheinen könnten
Weil sie einige treffen, ziemlich viele sogar
Kurz: die meisten, beinah alle
Kann jetzt gerettet werden dies System
Von Kauf und Verkauf, das wir nun einmal haben
Und das auch Schattenseiten hat.

SNYDER:
Für beinah alle. Ich versteh. Wir würden.

MAULER *zu den Packherren:*
Eure Packhöfe schließ ich zusammen
Zu einem Ring und übernehme
Die Hälfte der Anteile.

DIE PACKHERREN: Ein großer Kopf!

MAULER *zu den Viehzüchtern:*
Hört, liebe Freunde!

Sie flüstern.

Die Schwierigkeit, die uns bedrückt hat, hebt sich.
Elend und Hunger, Ausschreitung, Gewalt
Hat eine Ursach, und die Ursach klärt sich:
's gab zu viel Fleisch. Verstopft war
In diesem Jahr der Fleischmarkt, und so sank
Der Viehpreis in ein Nichts. Nun, ihn zu halten
Beschlossen wir, Packherr und Viehzüchter,
gemeinsam
Grenzen zu ziehen der hemmungslosen Aufzucht.

Das Vieh, das auf den Markt kommt, zu beschränken
Und vom Vorhandenen auszuschalten, was zu viel ist, also
Ein Drittel allen Viehes zu verbrennen.

ALLE: Einfache Lösung!

SNYDER *meldet sich:*
Wär es nicht möglich, dieses viele Vieh
Wenn es so wertlos ist, daß man's verbrennen kann
Den vielen, die da draußen stehn und die's
So gut gebrauchen könnten, einfach zu schenken?

MAULER *lächelt:*
Lieber Herr Snyder, Sie haben
Den Kern der Lage nicht erfaßt. Die vielen, die
Da draußen stehen: das sind die Käufer!

Zu den andern
Man sollt's nicht glauben.

Langes Lächeln aller.

Sie mögen niedrig scheinen, überflüssig
Ja lästig manchmal, doch dem tiefern Blick
Kann nicht entgehen, daß sie die Käufer sind!
Gleichwohl, sehr viele werden's nicht verstehen, ist es notwendig
Ein Drittel der Arbeiter auszusperren, denn
Auch Arbeit hat uns den Markt verstopft und muß
Begrenzt sein.

ALLE: Einziger Ausweg!

MAULER:
Und die Arbeitslöhne zu senken!

ALLE: Das Ei des Kolumbus!

MAULER:
Dies alles geschieht, damit nicht

In finsterer Zeit blutiger Verwirrung
Entmenschter Menschheit
Wo nicht mehr aufhören wollten in den Städten die Unruhen
(denn wieder ist Chicago erregt von den Gerüchten drohenden Generalstreiks)
Die rohe Gewalt des kurzsichtigen Volkes
Zerschlägt das eigene Handwerkszeug und zertrampelt den eigenen Brotkorb
Sondern zurückkehrt Ruhe und Ordnung.
Drum wollen wir
Euch, den Schwarzen Strohhüten, ermöglichen euer ordnungsförderndes Werk
Durch reichliche Geldspenden.
Freilich müßten auch wieder unter euch sein
Solche wie diese Johanna, die durch bloßes Aussehen
Vertrauen erweckt.

EIN MAKLER *stürzt herein:* Frohe Botschaft! Niedergekämpft ist der drohende Generalstreik. In die Zuchthäuser geworfen die Verbrecher, die Ruh und Ordnung frevelhaft gestört.

SLIFT:

Nun atmet auf, nun muß der Markt gesunden!
Der tote Punkt ist wieder überwunden.
Das schwierige Werk ist noch einmal getan
Und noch einmal behaupten wir den Plan
Und läuft die Welt die uns genehme Bahn.

Orgel.

MAULER:

Und jetzt macht auf euer Tor
Den Mühseligen und Beladenen und füllt den Topf mit Suppe.

Auch stimmt Musik an, und wir selber wollen
Zuvörderst uns auf eure Bänke setzen
Und uns bekehren.

SNYDER: Die Türen auf!

Die Türen werden weit geöffnet.

DIE SCHWARZEN STROHHÜTE *singen, nach den Türen blickend:*

Spannt die Netze aus: sie müssen kommen!
Eben grad verlassen sie ihr letztes Haus!
Gott jagt die Kälte auf sie!
Gott jagt den Regen auf sie!
Drum sie müssen kommen! Spannt die Netze aus!
Willkommen! Willkommen! Willkommen!
Willkommen unten bei uns!

Riegelt alles ab, daß keiner rauskommt!
Sie sind auf dem Weg zu uns herab!
Wenn sie ohne Arbeit sind
Wenn sie taub sind und blind
Kommt uns keiner aus: drum riegelt alles ab.
Willkommen! Willkommen! Willkommen!
Willkommen unten bei uns!

Sammelt alles ein, was da hereinkommt!
Hut und Kopf und Grind und Strick und Schuh und Bein!
Hut hat das keinen mehr
Das kommt zum Weinen her!
So, was jetzt hereinschwimmt, sammelt alles ein!
Willkommen! Willkommen! Willkommen!
Willkommen unten bei uns!

Hier sind wir! Da kommen sie herunter!
Seht, das Elend treibt sie auf uns zu wie das Getier!
Sehet, sie müssen herunter!
Sehet, sie kommen herunter!
Unten da ist kein Entrinnen: da stehn wir!
Willkommen! Willkommen! Willkommen!
Willkommen unten bei uns!

11

a

Schlachthöfe. Gegend vor dem Lagerhaus der Grahamwerke

Die Höfe sind fast leer. Nur noch einzelne Trupps von Arbeitern kommen vorbei.

JOHANNA *kommt und fragt:* Sind hier drei Leute vorbeigekommen, die nach einem Brief gefragt haben?

Geschrei von hinten, sich nach vorn fortpflanzend. Dann kommen, von Soldaten eskortiert, fünf Männer: die zwei Männer von der Zentrale und die drei von den Elektrizitätswerken. Plötzlich bleibt der eine Mann von der Zentrale stehen und spricht mit den Soldaten.

DER MANN: Wenn ihr uns jetzt in die Zuchthäuser führt, dann wißt: was wir gemacht haben, das haben wir gemacht, weil wir für euch sind.

EIN SOLDAT: Dann geh weiter, wenn du für uns bist.

DER MANN: Wartet etwas!
DER SOLDAT: Hast du jetzt Angst?
DER MANN: Ja, das habe ich auch, aber darum rede ich nicht. Ich will nur, daß ihr etwas stehenbleibt, damit ich euch sage, warum ihr uns verhaftet habt, denn das wißt ihr nicht.
DIE SOLDATEN *lachen:* Gut, sage uns, warum wir euch verhaftet haben.
DER MANN: Selbst besitzlos, helft ihr den Besitzenden, weil ihr noch keine Möglichkeit seht, den Besitzlosen zu helfen.
DER SOLDAT: So, und jetzt gehen wir weiter.
DER MANN: Halt! Der Satz ist noch nicht zu Ende: aber schon helfen in dieser Stadt die Arbeitenden den Arbeitslosen. Also kommt die Möglichkeit näher. Kümmert euch darum.
DER SOLDAT: Du willst wohl, daß wir dich laufen lassen?
DER MANN: Hast du mich nicht verstanden? Ihr sollt nur wissen, daß es auch für euch bald Zeit wird.
DIE SOLDATEN: Können wir jetzt weitergehen?
DER MANN: Ja, jetzt können wir weitergehen.

Sie gehen weiter. Johanna bleibt stehen und schaut den Verhafteten nach. Da hört sie neben sich zwei Leute reden.

DER EINE: Was sind das für Leute?
DER ANDERE:
Keiner von diesen da
Hat nur für sich gesorgt.
Sondern für fremder Leute Brot
Liefen sie ruhlos.

DER EINE: Warum ruhlos?

DER ANDERE:
Der Ungerechte geht offen über die Straße, aber
Der Gerechte versteckt sich.

DER EINE: Was geschieht mit ihnen?

DER ANDERE:
Obgleich sie
Um geringen Lohn arbeiten und für viele nützlich sind
Lebt keiner von ihnen seine Jahre zu Ende
Ißt sein Brot, stirbt satt und wird
In Ehren begraben, sondern
Vor ihrer Zeit enden sie und sind
Erschlagen und zerstampft und in Schande verscharrt.

DER EINE: Warum hört man nie von ihnen?

DER ANDERE:
Wenn du in den Zeitungen liest, daß einige Verbrecher erschossen oder
In die Zuchthäuser geworfen worden sind, dann sind sie es.

DER EINE: Wird das immer so gehen?

DER ANDERE:
Nein.

Als Johanna sich wendet, wird sie von den Zeitungsleuten angesprochen.

DIE ZEITUNGSLEUTE: Ist das nicht unsere Liebe Frau vom Schlachthof? Hallo, Sie! Die Sache ist schiefgegangen! Der Generalstreik ist abgeblasen. Die Schlachthäuser machen wieder auf, aber nur für zwei Drittel der Belegschaft und nur zu einem Zweidrittellohn. Aber das Fleisch wird teurer.

JOHANNA: Sind die Arbeiter einverstanden?

DIE ZEITUNGSLEUTE: Sicher. Nur ein Teil von ihnen hat erfahren, daß ein Generalstreik geplant war, und diesen Teil hat die Polizei mit Gewalt weggetrieben.

Johanna fällt um.

b

Vor dem Lagerhaus der Grahamwerke

Ein Trupp von Arbeitern, mit Laternen.

DIE ARBEITER: Hier muß sie liegen. Von dort ist sie gekommen, und hier hat sie den Unsern zugerufen, daß die Städtischen Betriebe streiken wollen. Wegen des Schneetreibens hat sie wohl die Soldaten nicht bemerkt. Einer hat sie mit dem Gewehrkolben niedergeschlagen. Ich habe sie einen Augenblick lang deutlich gesehen. Da liegt sie! Solche müßte es mehr geben. Nein, das ist sie ja gar nicht! Es war eine alte Arbeiterin. Die da gehört nicht zu uns. Laßt sie liegen, bis die Soldaten kommen, die werden sie dann aufheben.

12

TOD UND KANONISIERUNG DER HEILIGEN JOHANNA DER SCHLACHTHÖFE

Bei den Schwarzen Strohhüten

Das Haus der Schwarzen Strohhüte ist nunmehr reich ausgestattet. In Gruppen aufgebaut stehen die Schwarzen Strohhüte mit neuen Fahnen, die Schlächter (Packherren), die Viehzüchter und die Aufkäufer.

SNYDER:
Und so ist es uns gelungen
Gott hat wieder Fuß gefaßt
Höchstes haben wir bezwungen
Niederstem uns angepaßt.
In den Höhn und Niederungen
Wißt ihr, was ihr an uns habt:
Endlich ist es uns gelungen
Endlich hat das Ding geklappt!

Ein Haufen Armer tritt ein, an ihrer Spitze Johanna, von zwei Polizisten gestützt.

DIE POLIZISTEN:
Hier ist eine ohne Obdach
Aufgelesen auf den Schlachthöfen in
Erkranktem Zustand. Ihr
Letzter fester Aufenthaltsort war
Angeblich hier.

JOHANNA *hält den Brief hoch, als wollte sie ihn noch abgeben:*

Nimmer nimmt mir der Untergegangene
Meinen Brief ab.
Kleinen Dienst guter Sache, zu dem ich
All mein Leben gebeten wurd, einzigen!
Habe ich nicht ausgerichtet.

Während die Armen sich auf die Bänke setzen, um Suppe zu bekommen, berät Slift sich mit den Packherren und Snyder.

SLIFT: Das ist unsere Johanna. Sie kommt wie gerufen. Wir wollen sie groß herausbringen, denn sie hat uns durch ihr menschenfreundliches Wirken auf den Schlachthöfen, ihre Fürsprache für die Armen, auch durch ihre Reden gegen uns über schwierige Wochen hinweggeholfen. Sie soll unsere heilige Johanna der Schlachthöfe sein. Wir wollen sie als eine Heilige aufziehen und ihr keine Achtung versagen. Im Gegenteil soll gerade, daß sie bei uns gezeigt wird, dafür zum Beweis dienen, daß die Menschlichkeit bei uns einen hohen Platz einnimmt.

MAULER:
Auch in unsrer Mitte fehle
Nicht die kindlich reine Seele
Auch in unserm Chor erschalle
Ihre herrlich lautre Stimme
Sie verdamme alles Schlimme
Und sie spreche für uns alle.

SNYDER:
Erhebe dich, Johanna der Schlachthöfe
Fürsprecherin der Armen
Trösterin der untersten Tiefe!

Johanna:

Welch ein Wind in der Tiefe! Was für ein Geschrei
Verschweigst du, Schnee?
Eßt die Suppe, ihr!
Schüttet nicht die letzte Wärme aus, ihr
Keinebeutemehr! Eßt die Suppe!
Hätte ich doch
Ruhig gelebt wie ein Vieh
Aber den Brief abgegeben, der mir anvertraut war!

Die Schwarzen Strohhüte *auf sie zu:*

Ach, wie ist sie noch verwirrt
Die durch Nacht zum Licht gewandelt!
Menschlich nur hast du gehandelt!
Menschlich nur hast du geirrt!

Johanna *während sie von den Mädchen wieder in die Uniform der Schwarzen Strohhüte eingekleidet wird:*

Wieder beginnt das Lärmen der Betriebe, man hört es.
Und versäumt ist wieder
Ein Einhalt.
Wieder läuft
Die Welt die alte Bahn unverändert.
Als es möglich war, sie zu verändern
Bin ich nicht gekommen; als es nötig war
Daß ich kleiner Mensch half, bin ich
Ausgeblieben.

Mauler:

Ach, der Mensch in seinem Drange
Hält das Irdische nicht aus
Und in seinem stolzen Gange
Aus dem Alltäglichen
Ganz Unerträglichen
In das Unkenntliche

Hohe Unendliche
Stößt er übers Ziel hinaus.

JOHANNA:
Geredet habe ich auf allen Märkten
Und der Träume waren unzählige, aber
Den Geschädigten war ich ein Schaden
Nützlich war ich den Schädigern.

DIE SCHWARZEN STROHHÜTE:
Ach, es bleibt am Ende alle
Mühe Stückwerk unbeseelt
Wenn der Stoff dem Geiste fehlt.

DIE PACKHERREN:
Herrlich ist's in jedem Falle
Wenn sich der Geist dem Geschäfte vermählt!

JOHANNA:
Eines habe ich gelernt und weiß es für euch
Selber sterbend:
Was soll das heißen, es ist etwas in euch und
Kommt nicht nach außen! W a s wißt ihr wissend
Was keine Folgen hat?
Ich zum Beispiel habe nichts getan.
Denn nichts werde gezählt als gut, und sehe es aus wie immer, als was
Wirklich hilft, und nichts gelte als ehrenhaft mehr, als was
Diese Welt endgültig ändert: sie braucht es.
Wie gerufen kam ich den Unterdrückern!
Oh, folgenlose Güte! Unmerkliche Gesinnung!
Ich habe nichts geändert.
Schnell verschwindend aus dieser Welt ohne Furcht
Sage ich euch:
Sorgt doch, daß ihr die Welt verlassend

Nicht nur gut wart, sondern verlaßt
Eine gute Welt!

GRAHAM: Man muß dafür sorgen, daß ihre Reden nur durchgelassen werden, wenn sie vernünftig sind. Wir dürfen nicht vergessen, daß sie auf den Schlachthöfen gewesen ist.

JOHANNA:
Denn es ist eine Kluft zwischen oben und unten,
größer als
Zwischen dem Berg Himalaja und dem Meer
Und was oben vorgeht
Erfährt man unten nicht
Und nicht oben, was unten vorgeht.
Und es sind zwei Sprachen oben und unten
Und zwei Maße zu messen
Und was Menschengesicht trägt
Kennt sich nicht mehr.

DIE SCHLÄCHTER UND VIEHZÜCHTER *sehr laut, so daß Johanna überschrien wird:*
Soll der Bau sich hoch erheben
Muß es Unten und Oben geben.
Darum bleib an seinem Ort
Jeder, wo er hingehört.
Fort und fort
Tue er das ihm Gemäße
Da er, wenn er sich vergäße
Unsre Harmonien stört.
Unten ist der Untere wichtig
Oben ist der Richtige richtig.
Wehe dem, der je sie riefe
Die unentbehrlichen
Aber begehrlichen

Die nicht zu missenden
Aber es wissenden
Elemente der untersten Tiefe!

JOHANNA:
Die aber unten sind, werden unten gehalten
Damit die oben sind, oben bleiben.
Und der Oberen Niedrigkeit ist ohne Maß
Und auch wenn sie besser werden, so hülfe es
Doch nichts, denn ohnegleichen ist
Das System, das sie gemacht haben:
Ausbeutung und Unordnung, tierisch und also
Unverständlich.

DIE SCHWARZEN STROHHÜTE *zu Johanna:*
Du mußt gut sein! Du mußt schweigen!

DIE SCHLÄCHTER:
Die im freien Raume schweben
Können sich doch nicht erheben
Steigen heißt: auf andre steigen
Und das nach dem Oben Greifen
Ist zugleich ein Tritt nach unten.

MAULER:
Handelnd mußt du, ach, verwunden!

DIE SCHWARZEN STROHHÜTE:
Stets bewußt des blutigen Schuhes –

DIE SCHLÄCHTER:
Nicht versuch ihn abzustreifen!
Denn du brauchst ihn, stets aufs neue –

DIE SCHWARZEN STROHHÜTE:
Mußt du stets nach oben zeigen.
Doch vergiß uns nicht die Reue!

DIE SCHLÄCHTER:
Tue alles!

DIE SCHWARZEN STROHHÜTE:

Aber tu es:
Immer mit Gewissensbissen
Denn als Betrachtender
Selbst dich Verachtender
Hast du Gewissen!
Merkt auf, Handelnde!
Bei euren Einkäufen
Vergeßt nicht das herrliche
Vor allem bei Scheinkäufen
Ganz unentbehrliche
Fort und fort
Immer sich wandelnde
Gotteswort.

JOHANNA:

Darum, wer unten sagt, daß es einen Gott gibt
Und ist keiner sichtbar
Und kann sein unsichtbar und hülfe ihnen doch
Den soll man mit dem Kopf auf das Pflaster schlagen
Bis er verreckt ist.

SLIFT: Hört ihr, ihr müßt etwas sagen, womit ihr diesem Mädchen das Wort abschneidet. Ihr müßt reden, irgend etwas, aber laut!

SNYDER: Johanna Dark, fünfundzwanzig Jahr alt, erkrankt an Lungenentzündung auf den Schlachthöfen Chicagos, im Dienste Gottes, Streiterin und Opfer!

JOHANNA:

Und auch die, welche ihnen sagen, sie könnten sich erheben im Geiste

Und stecken bleiben im Schlamm, die soll man auch mit den Köpfen auf das
Pflaster schlagen. Sondern
Es hilft nur Gewalt, wo Gewalt herrscht, und
Es helfen nur Menschen, wo Menschen sind.

ALLE *singen die erste Strophe des Chorals, damit Johannas Reden nicht mehr gehört werden:*
Reiche den Reichtum dem Reichen! Hosianna!
Die Tugend desgleichen! Hosianna!
Gib dem, der da hat! Hosianna!
Gib ihm den Staat und die Stadt! Hosianna!
Gib du dem Sieger ein Zeichen! Hosianna!

Während dieser Deklamationen beginnen Lautsprecher Schreckensnachrichten zu verkünden:

„Sturz des Pfundes! Die Bank von England seit dreihundert Jahren zum ersten Male geschlossen!"
und
„Acht Millionen Arbeitslose in den Vereinigten Staaten!"
und
„Der Fünfjahresplan gelingt!"
und
„Brasilien schüttet eine Jahresernte Kaffee ins Meer!"
und
„Sechs Millionen Arbeitslose in Deutschland!"
und
„Dreitausend Bankinstitute in den Vereinigten Staaten zusammengebrochen!"
und
„In Deutschland werden Börsen und Banken von Staats wegen geschlossen!"

und
„Vor Henry Fords Fabrik in Detroit findet eine Schlacht zwischen Polizei und Arbeitslosen statt!“
und
„Der größte europäische Trust, der Zündholztrust, verkracht!“
und
„Der Fünfjahresplan in vier Jahren!“
Unter dem Eindruck der Schreckensnachrichten schreien sich die jeweils gerade nicht Deklamierenden wilde Beschimpfungen zu, wie: „Dreckige Schweinemetzger, hättet ihr nicht zu viel geschlachtet!“ und „Elende Viehzüchter, hättet ihr mehr Vieh gezüchtet!“ und „Ihr wahnsinnigen Geldschaufler, hättet ihr mehr Leute eingestellt und Löhne bezahlt, wer soll sonst unser Fleisch fressen?“ und „Der Zwischenhandel verteuert das Fleisch!“ und „Die Getreideschieber sind es, die das Vieh verteuern!“ und „Die Frachtsätze der Eisenbahn schnüren uns den Hals zu!“ und „Die Bankzinsen ruinieren uns!“ und „Wer kann solche Mieten für Viehställe und Getreidesilos bezahlen!“ und „Warum fangt ihr nicht an mit dem Abbau!“ und „Wir haben doch abgebaut, aber ihr baut nicht ab!“ und „Ihr allein seid die Schuldigen!“ und „Bevor man euch nicht aufhängt, wird es nicht besser!“ und „Du gehörst schon lange ins Zuchthaus!“ und „Warum läufst du noch frei herum?“

ALLE *singen die zweite und dritte Strophe des Chorals, Johanna ist nicht mehr hörbar:*
Schenke dem Reichen Erbarmen, Hosianna!
In diesen Armen, Hosianna!

Schenk deine Gnad, Hosianna!
Und deine Hilf dem, der hat, Hosianna!
Hab mit dem Satten Erbarmen, Hosianna!

Man sieht, daß Johanna zu sprechen aufhört.

Hilf deiner Klasse, die dir hilft, Hosianna!
Aus reichlichen Händen, Hosianna!
Zerstampfe den Haß, Hosianna!
Lach mit dem Lachenden, laß, Hosianna!
Seine Missetat glücklich enden, Hosianna!

Während dieser Strophe haben die Mädchen versucht, Johanna einen Teller Suppe einzuflößen. Sie hat den Teller zweimal zurückgewiesen. Das dritte Mal ergreift sie ihn, hält ihn hoch und schüttet ihn aus. Dann sinkt sie zusammen und liegt jetzt in den Armen der Mädchen, tödlich verwundet, ohne Zeichen des Lebens. Snyder und Mauler treten zu ihr.

MAULER:
Gebt ihr die Fahne!

Man reicht ihr die Fahne. Die Fahne entfällt ihr.

SNYDER: Johanna Dark, fünfundzwanzig Jahre alt, gestorben an Lungenentzündung auf den Schlachthöfen, im Dienste Gottes, Streiterin und Opfer.

MAULER:
Ach, das Reine
Ohne Fehle
Unverderbte, Hilfsbereite
Es erschüttert uns Gemeine!
Weckt in unsrer Brust die zweite
Bessere Seele!

Alle stehen lange in sprachloser Rührung. Auf einen Wink Snyders werden alle Fahnen sanft auf sie niedergelassen, bis sie ganz davon bedeckt wird. Die Szene ist von einem rosigen Schein beleuchtet.

Die Schlächter und Viehzüchter:
Seht, dem Menschen seit Äonen
Ist ein Streben eingesenkt
Daß er nach den höheren Zonen
Stets in seinem Geiste drängt.
Sieht er die Gestirne thronen
Ahnt er tausend Himmelwärtse
Während er zu seinem Schmerze
Mit dem Fleisch nach unten hängt.

Mauler:
Ach, in meine arme Brust
Ist ein Zwiefaches gestoßen
Wie ein Messer bis zum Heft.
Denn es zieht mich zu den Großen
Selbst- und Nutz- und Vorteilslosen
Und es zieht mich zum Geschäft
Unbewußt!

Alle:
Mensch, es wohnen dir zwei Seelen
In der Brust!
Such nicht eine auszuwählen
Da du beide haben mußt.
Bleibe stets mit dir im Streite!
Bleib der Eine, stets Entzweite!
Halte die hohe, halte die niedere
Halte die rohe, halte die biedere
Halte sie beide!

Bertolt Brecht
im Suhrkamp Verlag und
im Insel Verlag

Werke. Große kommentierte Berliner und Frankfurter Ausgabe. 30 Bände (33 Teile). Herausgegeben von Werner Hecht, Jan Knopf, Werner Mittenzwei und Klaus-Detlef Müller. Leinen und Leder

Ausgewählte Werke in 6 Bänden. Jubiläumsausgabe zum 100. Geburtstag. Gebunden in Kassette

Gesammelte Werke. Dünndruckausgabe in 8 Bänden. Leinen
Gesammelte Werke. Dünndruckausgabe in 10 Bänden (8 Bände und 2 Supplementbände). Leder

Gesammelte Werke. Werkausgabe in 20 Bänden. Textidentisch mit der Dünndruckausgabe. Supplementbände zur Werkausgabe. Band I-IV. Leinenkaschiert

Einzelausgaben

Stücke

Der aufhaltsame Aufstieg des Arturo Ui. es 144
Aufstieg und Fall der Stadt Mahagonny. Oper. es 21
Baal. Drei Fassungen. Kritisch ediert und kommentiert von Dieter Schmidt. es 170
Baal. Der böse Baal der asoziale. Texte, Varianten, Materialien. Kritisch ediert und kommentiert von Dieter Schmidt. es 248
Das Badener Lehrstück vom Einverständnis. Die Rundköpfe und die Spitzköpfe. Die Ausnahme und die Regel. Drei Lehrstücke. es 817
Gerhart Hauptmann: Biberpelz und roter Hahn. In der Bearbeitung Bertolt Brechts und des Berliner Ensembles. Herausgegeben und kommentiert von Klaus-Detlef Müller. es 634
Die Dreigroschenoper. Nach John Gays ›The Beggar's Opera‹. es 229 und BS 1155
Frühe Stücke. Baal. Trommeln in der Nacht. Im Dickicht der Städte. st 201
Furcht und Elend des Dritten Reiches. es 392
Furcht und Elend des III. Reiches. Erweiterte Ausgabe. BS 1271
Die Gewehre der Frau Carrar. es 219
Der gute Mensch von Sezuan. Parabelstück. es 73
Die heilige Johanna der Schlachthöfe. es 113

11/1/6.97

11/2/6.97

11/3/6.97

Bertolt Brecht
im Suhrkamp Verlag und
im Insel Verlag

Broadway – the hard way. Sein Exil in den USA. 1941-1947. es 1835
Theaterarbeit in der DDR. 1948-1956. es 1836
Der Kinnhaken. Und andere Box- und Sportgeschichten. Herausgegeben und mit einem Nachwort von Günter Berg. st 2395
Lektüre für Minuten. Ausgewählt von Günter Berg. Gebunden
Reisen im Exil. 1933-1949. Zusammenstellung: Wolfgang Jeske. st 2555

Briefe

Briefe an Marianne Zoff und Hanne Hiob. Herausgegeben von Hanne Hiob. Redaktion und Anmerkungen von Günter Glaeser. Leinen
Briefe. 2 Bände. Herausgegeben und kommentiert von Günter Glaeser. Leinen
Liebste Bi! Briefe an Paula Banholzer. Herausgegeben von Helmut Gier und Jürgen Hillesheim. Kartoniert

Journale

Arbeitsjournal 1938-1955. 3 Bände. Herausgegeben von Werner Hecht. Leinen, und 2 Bände, st 2215

Tagebücher

Tagebuch No. 10. 1913. Faksimile der Handschrift und Transkription. Herausgegeben von Siegfried Unseld. Transkription der Handschrift und Anmerkungen von Günter Berg und Wolfgang Jeske. Im Schuber
Tagebücher 1920-1922. Autobiographische Aufzeichnungen 1920 bis 1954. Herausgegeben von Herta Ramthun. Leinen und kartoniert

Sekundärliteratur

Materialien

Brecht im Gespräch. Diskussionen, Dialoge, Interviews. Herausgegeben von Werner Hecht. es 771
Brecht in den USA. Herausgegeben von James K. Lyon. Übersetzung der Dokumente aus dem Englischen von Jane Walling und Fritz Wefelmeyer. st 2085
Brecht-Journal. Herausgegeben von Jan Knopf. es 1191
Brecht-Journal 2. Herausgegeben von Jan Knopf. es 1396
Brechts ›Antigone des Sophokles‹. Herausgegeben von Werner Hecht. stm. st 2075

11/4/6.97

Bertolt Brecht
im Suhrkamp Verlag und
im Insel Verlag

Baal. Der böse Baal der asoziale. Texte, Varianten, Materialien. Kritisch ediert und kommentiert von Dieter Schmidt. es 248

Bertolt Brechts Dreigroschenbuch. Texte, Materialien, Dokumente. Herausgegeben von Siegfried Unseld. Mit einem Bildteil. st 87

Brechts ›Dreigroschenoper‹. Herausgegeben von Werner Hecht. stm. st 2056

Brechts ›Guter Mensch von Sezuan‹. Herausgegeben von Jan Knopf. stm. st 2021

Der Jasager und Der Neinsager. Vorlagen, Fassungen, Materialien. Herausgegeben und mit einem Nachwort versehen von Peter Szondi. es 171

Brechts ›Kaukasischer Kreidekreis‹. Herausgegeben von Werner Hecht. stm. st 2054

Brechts ›Leben des Galilei‹. Herausgegeben von Werner Hecht. stm. st 2001

Leben Eduards des Zweiten von England. Vorlage, Texte und Materialien. Ediert von Reinhold Grimm. es 245

Brechts ›Mahagonny‹. Herausgegeben von Fritz Hennenberg und Jan Knopf. stm. st 2081

Die Maßnahme. Kritische Ausgabe mit einer Spielanleitung von Reiner Steinweg. es 415

Materialien zu Brechts ›Mutter Courage und ihre Kinder‹. Zusammengestellt von Werner Hecht. es 50

Brechts ›Mutter Courage und ihre Kinder‹. Herausgegeben von Klaus-Detlef Müller. stm. st 2016

Materialien zu Bertolt Brechts ›Schweyk im zweiten Weltkrieg‹. Vorlagen (Bearbeitungen), Varianten, Fragmente, Skizzen, Brief- und Tagebuchnotizen. Ediert und kommentiert von Herbert Knust. es 604

Theaterarbeit. 6 Aufführungen des Berliner Ensembles. Mit zahlreichen Fotos. Leinen

Zu Bertolt Brecht

alles was Brecht ist ... Begleitbuch zu den gleichnamigen Sendereihen von 3sat und S2 Kultur. Herausgegeben von Werner Hecht. Mit zahlreichen Abbildungen. Broschur

Roland Barthes: Warum Brecht? Herausgegeben von Ottmar Ette. es 2055

Mit Brecht durch Berlin. Ein literarischer Reiseführer. Herausgegeben von Michael Bienert. it 2169

11/5/6.97

Bertolt Brecht
im Suhrkamp Verlag und
im Insel Verlag

11/6/6.97

Bertolt Brecht
im Suhrkamp Taschenbuchverlag

Einzelausgaben

Stücke

Der aufhaltsame Aufstieg des Arturo Ui. es 144

Aufstieg und Fall der Stadt Mahagonny. Oper. es 21

Baal. Drei Fassungen. Kritisch ediert und kommentiert von Dieter Schmidt. es 170

Baal. Der böse Baal der asoziale. Texte, Varianten, Materialien. Kritisch ediert und kommentiert von Dieter Schmidt. es 248

Das Badener Lehrstück vom Einverständnis. Die Rundköpfe und die Spitzköpfe. Die Ausnahme und die Regel. Drei Lehrstücke. es 817

Gerhart Hauptmann: Biberpelz und roter Hahn. In der Bearbeitung Bertolt Brechts und des Berliner Ensembles. Herausgegeben und kommentiert von Klaus-Detlef Müller. es 634

Die Dreigroschenoper. Nach John Gays ›The Beggar's Opera‹. es 229

Frühe Stücke. Baal. Trommeln in der Nacht. Im Dickicht der Städte. st 201

Furcht und Elend des Dritten Reiches. es 392

Die Gewehre der Frau Carrar. es 219

Der gute Mensch von Sezuan. Parabelstück. es 73

Die heilige Johanna der Schlachthöfe. es 113

Herr Puntila und sein Knecht Matti. Volksstück. es 105

Der Jasager und Der Neinsager. Vorlagen, Fassungen, Materialien. Herausgegeben und mit einem Nachwort versehen von Peter Szondi. es 171

Der kaukasische Kreidekreis. es 31

Leben des Galilei. Schauspiel. es 1

Leben Eduards des Zweiten von England. Vorlage, Texte und Materialien. Ediert von Reinhold Grimm. es 245

Mann ist Mann. Die Verwandlung des Packers Galy Gay in den Militärbaracken von Kilkoa im Jahre neunzehnhundertfünfundzwanzig. Lustspiel. es 259

Die Maßnahme. Kritische Ausgabe mit einer Spielanleitung von Reiner Steinweg. es 415

Die Mutter. es 200

Mutter Courage und ihre Kinder. Eine Chronik aus dem Dreißigjährigen Krieg. es 49

Der Ozeanflug. Die Horatier und die Kuriatier. Die Maßnahme. es 222

Schweyk im zweiten Weltkrieg. es 132

Stücke. Bearbeitungen. Bd. 1. es 788

12/1/6.97

Bertolt Brecht
im Suhrkamp Taschenbuchverlag

Stücke. Bearbeitungen. Bd. 2. es 789
Die Tage der Commune. es 169
Trommeln in der Nacht. Komödie. es 490
Der Untergang des Egoisten Johann Fatzer. Bühnenfassung von Heiner Müller. es 1830 und es 3332
Das Verhör des Lukullus. Hörspiel. es 740

Gedichte

Ausgewählte Gedichte. Auswahl von Siegfried Unseld. Nachwort von Walter Jens. es 86
Buckower Elegien. Mit Kommentaren von Jan Knopf. es 1397
Gedichte. Ausgewählt von Autoren. Mit einem Geleitwort von Ernst Bloch. st 251
Gedichte über die Liebe. Ausgewählt von Werner Hecht. st 1001
Bertolt Brechts Hauspostille. Mit Anleitungen, Gesangsnoten und einem Anhange. st 2152
100 Gedichte. Ausgewählt von Siegfried Unseld. st 2800
Das große Brecht-Liederbuch. Herausgegeben und kommentiert von Fritz Hennenberg. st 1216

Prosa

Dreigroschenroman. es 184 (Prosa 3), st 1846 und st 2804
Flüchtlingsgespräche. st 1793
Die Geschäfte des Herrn Julius Caesar. Romanfragment. es 332
Geschichten vom Herrn Keuner. st 16
Die unwürdige Greisin und andere Geschichten. Zusammengestellt und mit Anmerkungen versehen von Wolfgang Jeske. st 1746
Die unwürdige Greisin und andere Geschichten. Herausgegeben von Wolfgang Jeske. Großdruck. it 2371

Schriften

Über die bildenden Künste. Herausgegeben von Jost Hermand. es 691
Über experimentelles Theater. Herausgegeben von Werner Hecht. es 377

Brecht-Lesebücher

Brecht für Anfänger und Fortgeschrittene. Ein Lesebuch. Ausgewählt von Siegfried Unseld. Mit einem Vorwort von Hans Mayer. es 1826
Ich bin aus den schwarzen Wäldern. Seine Anfänge in Augsburg und München. 1913-1924. es 1832

12/2/6.97

Bertolt Brecht
im Suhrkamp Taschenbuchverlag

Der Schnaps ist in die Toiletten geflossen. Seine Erfolge in Berlin. 1924 bis 1933. es 1833

Unterm dänischen Strohdach. Sein Exil in Skandinavien. 1933-1941. es 1834

Broadway – the hard way. Sein Exil in den USA. 1941-1947. es 1835

Theaterarbeit in der DDR. 1948-1956. es 1836

Der Kinnhaken. Und andere Box- und Sportgeschichten. Herausgegeben und mit einem Nachwort von Günter Berg. st 2395

Reisen im Exil. 1933-1949. Zusammenstellung: Wolfgang Jeske. st 2555

Journale

Arbeitsjournal 1938-1955. 2 Bände. Herausgegeben von Werner Hecht. st 2215

Sekundärliteratur

Materialien

Brecht im Gespräch. Diskussionen, Dialoge, Interviews. Herausgegeben von Werner Hecht. es 771

Brecht in den USA. Herausgegeben von James K. Lyon. Übersetzung der Dokumente aus dem Englischen von Jane Walling und Fritz Wefelmeyer. st 2085

Brecht-Journal. Herausgegeben von Jan Knopf. es 1191

Brecht-Journal 2. Herausgegeben von Jan Knopf. es 1396

Brechts ›Antigone des Sophokles‹. Herausgegeben von Werner Hecht. stm. st 2075

Baal. Der böse Baal der asoziale. Texte, Varianten, Materialien. Kritisch ediert und kommentiert von Dieter Schmidt. es 248

Bertolt Brechts Dreigroschenbuch. Texte, Materialien, Dokumente. Herausgegeben von Siegfried Unseld. Mit einem Bildteil. st 87

Brechts ›Dreigroschenoper‹. Herausgegeben von Werner Hecht. stm. st 2056

Brechts ›Guter Mensch von Sezuan‹. Herausgegeben von Jan Knopf. stm. st 2021

Der Jasager und Der Neinsager. Vorlagen, Fassungen, Materialien. Herausgegeben und mit einem Nachwort versehen von Peter Szondi. es 171

Brechts ›Kaukasischer Kreidekreis‹. Herausgegeben von Werner Hecht. stm. st 2054

Brechts ›Leben des Galilei‹. Herausgegeben von Werner Hecht. stm. st 2001

12/3/6.97

Bertolt Brecht
im Suhrkamp Taschenbuchverlag

Leben Eduards des Zweiten von England. Vorlage, Texte und Materialien. Ediert von Reinhold Grimm. es 245

Brechts ›Mahagonny‹. Herausgegeben von Fritz Hennenberg und Jan Knopf. stm. st 2081

Die Maßnahme. Kritische Ausgabe mit einer Spielanleitung von Reiner Steinweg. es 415

Materialien zu Brechts ›Mutter Courage und ihre Kinder‹. Zusammengestellt von Werner Hecht. es 50

Brechts ›Mutter Courage und ihre Kinder‹. Herausgegeben von Klaus-Detlef Müller. stm. st 2016

Materialien zu Bertolt Brechts ›Schweyk im zweiten Weltkrieg‹. Vorlagen (Bearbeitungen), Varianten, Fragmente, Skizzen, Brief- und Tagebuchnotizen. Ediert und kommentiert von Herbert Knust. es 604

Zu Bertolt Brecht

Roland Barthes: Warum Brecht? Herausgegeben von Ottmar Ette. es 2055

Mit Brecht durch Berlin. Ein literarischer Reiseführer. Herausgegeben von Michael Bienert. it 2169

D. Stephan Bock: Coining Poetry. Brechts ›Guter Mensch von Sezuan‹. Zur dramatischen Dichtung eines neuen Jahrhunderts. es 2057

Bertolt Brecht. Sein Leben in Bildern und Texten. Mit einem Vorwort von Max Frisch. Herausgegeben von Werner Hecht. it 1122

Brechts Theorie des Theaters. Herausgegeben von Werner Hecht. stm. st 2074

Walter Benjamin: Versuche über Brecht. Herausgegeben und mit einem Nachwort versehen von Rolf Tiedemann. es 172

Hans Mayer: Erinnerung an Brecht. st 2803

Hans Peter Neureuter: Brecht in Finnland. es 2056

12/4/6.97